现代体能训练

孙 丽◎著

吉林出版集团股份有限公司

图书在版编目（CIP）数据

现代体能训练 / 孙丽著. -- 长春 ：吉林出版集团
股份有限公司，2022.4

ISBN 978-7-5731-1357-3

Ⅰ．①现… Ⅱ．①孙… Ⅲ．①体能－身体训练 Ⅳ.
①G808.14

中国版本图书馆 CIP 数据核字（2022）第 053661 号

现代体能训练

著　　者	孙　丽	
责任编辑	滕　林	
封面设计	林　吉	
开　　本	787mm×1092mm　　1/16	
字　　数	220 千	
印　　张	10	
版　　次	2022 年 4 月第 1 版	
印　　次	2022 年 4 月第 1 次印刷	

出版发行　吉林出版集团股份有限公司

电　　话　总编办：010-63109269

发行部：010-63109269

印　　刷　北京宝莲鸿图科技有限公司

ISBN 978-7-5731-1357-3　　　　　　　　　定价：68.00 元

前 言

当前，世界各国之间的激烈竞争除了表现在政治与经济方面外，在竞技体育方面的表现也越来越明显。因此，要增强我国的国际竞争力，必须高度重视体育运动以及体育事业的发展。在体育运动中，训练是一项极为重要的内容。它对运动员运动能力和运动成绩的提高具有重要的作用，而且运动训练的发展在一定程度上决定着体育运动的发展与水平。因此，要发展体育运动和体育事业，必须注重运动训练的发展。

我国不断快速发展与进步的社会经济，促使我国逐渐进入新时代，不断增加竞技体育的竞争压力，对运动员的体能要求越来越高。同时在体育的发展过程中体能训练属于基础训练，而且根据我国近几年体育运动员在国际比赛过程中的优异表现，虽然我国体育运动员的体能水平在不断提升，但是在我国体育运动员在现代体能的训练过程中存在大量的问题，会直接对现代体能训练可持续发展造成极其严重的影响。

本书首先概述了现代体能训练的基本内容，然后分析了现代体能训练理论指导、现代体能训练的内容与原则、现代体能健康测量与评价，最后重点阐述了现代体能训练的方法以及现代体能训练的运动性病症和运动损伤等，旨在为提高我国人民的整体健康水平以及运动参与者的体能素质提供必要的理论和实践指导。

本书的撰写是一项艰巨的工作，在此过程中深感知识的缺乏和个人能力的不足。因此，在编写过程中，本人参考了一些同领域专家学者的研究成果，在此衷心向他们的辛勤劳动表示感谢。由于知识水平有限，书中难免存在疏漏，恳请广大读者予以批评指正，不胜感激。

目 录

第一章　现代体能训练概述

不论是对于竞技体育还是大众体育，体能始终是人们参与体育运动的最基础保障。现代体育运动越发朝着高对抗和快速度的方向发展，这种发展趋势对于运动参与者的体能要求更高。因此，对于现代体能训练的研究就显得很有意义。本章主要研究现代体能训练的基本知识，以期为体能训练实践做好相应的理论准备工作。

第一节　运动训练与体能训练

一、运动训练

（一）运动训练的概念

运动训练，是指由教练员和运动员组成的训练主体以提高运动员运动成绩为目标的准备性的体育教育过程。运动训练强调了训练目的为提高运动员竞赛成绩或与之相关的一切素质和技能。由此来看，这是一种非常积极且重要的对人的运动能力的改造和提高的过程。

在了解现代运动训练之前，首先对传统运动训练的定义进行了解是非常有必要的，如此可以对比两者之间的区别。与现代形式更为多样、涵盖内容更广泛的现代运动训练相比，传统运动训练显得较为狭义，其主要是指与教练员有关的、在运动场上从事的各种教练活动。而现代运动训练相比传统运动训练拓宽的内容还包括与提高运动技术水平和运动成绩有关的所有过程，均称为运动训练。从这个角度来说，运动训练就摆脱了过去的狭义内容，而包括运动员选材、运动竞赛、组织管理、心理、智力和思想教育等活动，甚至还包括一些对运动训练起到重要辅助作用的运动医学和营养学的内容。这种较为全面和系统的技能培养过程不仅有教练员和运动员参加，而且还有与此全过程有关的各方面的人员的参与，如科研人员、管理人员以及后勤保证人员等。

苏联马特维也夫曾把广义的运动训练称作"运动员训练"，对于运动员训练这一名词的解释显然会范围更广，它不仅包括影响运动成绩的内部因素，还包括外部因素。但这里并不是说狭义的运动训练就是不先进的，与广义的运动训练相比，两者之间只是一种包含与被包含的关系。在广义训练中，狭义的运动训练是其重要的组成部分。由此就使得我们在从事运动训练实践中，既要考虑到狭义运动训练，也要考虑到影响运动成绩的训练以外的多方面因素，以期达到对运动训练的全方位把握。

运动训练的概念包括以下几层含义：

（1）运动训练是一种为达到专门运动目标而组织的专业教育过程。其本质是一种对人在运动技能领域的培养，为其将来在运动竞技方面的提升做好准备。从对人锻炼的全面性角度来看，运动训练也是一个培养人的过程，人在接受训练的过程中需要经历多种感情体验，这有助于人的良好性格的养成和拥有坚强的意志。除具有一定的全面性外，运动训练还有自身的特殊性，即运动训练更侧重于人的运动能力的培养与提高。这种特殊性决定了运动训练过程的目的任务、组织形式、内容、手段、方法等都有其自身的特点。为此，要想使运动训练达到最终效果，就需要在这一过程中将其特点与参与运动训练的个体的特点结合起来，真正实现具有针对性的训练，这才能被称为科学化的训练。

（2）运动训练以不断提高运动员的竞技能力，创造优异运动成绩为主要目的。运动训练是一种有目的、有意识的活动。运动训练是以不断提高运动技术水平，创造和保持优异运动成绩，争取比赛胜利为主要目的的。运动训练中必须采用各种手段和方法，充分挖掘、培养、发挥人体机能潜力，创造并保持优异运动成绩。

（3）运动训练必须在教练员和运动员双方积极参与下实现。运动训练尽管是一种社会组织的行为，但从人的因素看，教练员和运动员则是最直接的参与和组织实施者，失去其中一方运动训练过程将无法存在。运动员是运动训练的主体，教练员则是这一过程的直接组织者、实施者和指导者。运动训练的效果是通过运动员在比赛中的效果来体现的，因此，训练中既要发挥运动员的主体作用，又要发挥教练员的主导作用。既要有运动员的主观努力，也需要教练员的科学指导，两者要协调配合，共同努力，才能最大限度地提高运动训练的效果。

在掌握和学习运动训练的内涵和概念时，还应该了解一些与此相关的概念。例如，应了解运动训练与身体练习之间的区别和联系。前联邦德国明斯特曼认为："练习是指提高神经、肌肉和协调能力，具有掌握技术的因素，是一种有一定技术要求的具体的身体活动。"而训练则是通过有一定规律的反复多次的负荷练习，使运动员的身体各器官产生一个生物适应过程，并以此提高身体各器官、系统的机能能力。因而具有提高身体机能和身体素质的因素。也就是说练习是运动训练的基本手段和具体实践活动过程，不进行身体练习就不可能完成训练训练是一个总概念，还可以从不同的角度引申出其他的概念。例如，从训练的科学性上可引申出"经验训练""科学训练"和"科学化训练"。从训练的长期性上可引申出"后备力量训练""高级竞技训练"。从训练的阶段性、训练功能上可以引申出"基础训练"和"专项训练"。从训练的专门化程度上可引申出"业余训练""专业训练"和"职业训练"。从训练内容上可以引申出"全面训练""一般训练"和"专项化训练"。从训练对象上可引申出"儿童、少年运动员训练""青成年运动员训练""女运动员训练"以及"特殊运动员群体的训练""残障运动员训练"和"老运动员训练"。从负荷因素上可引申出"极限负荷训练""大负荷训练"和"中小负荷训练"。从竞技能力的构成因素上可引申出"身体训练""技战术训练""心理训练""智力训练"等。运动训练、竞技体育和竞技运动之间不仅是一种从属性、层次性关系，而且还表现为以下几方面的内在联系：

（1）竞赛是运动训练最好的成果展示平台，它为创造高水平运动成绩提供了平时训练中难以具备的良好的应激刺激条件。练为赛，这始终是运动训练的目的，显然只有在真正的竞赛中才能使平日的运动训练成果得到检验。

（2）只有在正式比赛中获得的运动成绩才会得到社会的普遍认可和承认。

（3）运动训练的安排和要求要以各运动项目的特点和竞赛规则的要求为依据，这也是开展运动训练的原则之一。

（4）竞技体育的发展给运动训练提供了良好的发展机遇，现代竞技体育的对抗越发激烈，强度越发加大，为了使运动员在激烈条件下胜出，就必须在日常的运动训练活动中下功夫钻研，力求打造出一套高效的训练体系和富有实效的训练方法，且在现代的运动训练中还加入了更多的项目和内容。除此之外，对运动训练起到关键作用的训练方法和训练手段等也越发丰富。

（二）运动训练的特点

运动训练与体育教学和体育锻炼有明显的区别，它更强调专业性和实效性。因此，在组织运动训练之前对其内在的特点进行了解就显得很有必要。总的来看，运动训练的特点主要表现在以下几个方面：

1. 训练目标的专一性和训练任务的多向性

运动训练中的一切训练项目和行为都是以获得最佳的运动成绩为目标的。从这点就能深刻地体会出运动训练的目标是带有浓重的专一性的。另外，随着现代竞技运动水平的不断提升，与之紧密相关的运动训练的水平也要提高，只有这样才能"生产"出能够适应激烈比赛的优秀运动员。不过，由于每一个运动项目对人体运动能力都有特殊的要求，所以，训练必须建立在全面、系统、多方向的基础上，根据不同的训练阶段及运动专项的特殊要求，采用各种手段发展专项特殊需要的运动能力，这一点在适应现代竞技体育运动中显得尤为重要。

2. 训练内容的复杂性与训练手段、方法的多样性

现代运动训练的功能和任务较多，其过程也大多比较复杂，因此，运动训练的内容也会相应表现出一些与这些功能和任务相对应的特点，那么与此相适应的训练方法和训练手段也越发丰富。也正是方法和手段的增多，使得在训练过程中如何正确选择就成了考验训练组织者水平的标准之一，且这对最终的训练效果会起到非常直接的影响。

运动训练的手段、方法多种多样，每种手段方法对于人体的作用都有其特殊性。例如，在训练的不同阶段中就需要使用不同的训练方法，这是由不同阶段训练的任务决定的。这

种具体任务的多样性决定了训练手段内容的多样性。再比如，针对运动员身体的训练是运动训练的基本手段，要提高他们的身体基本运动能力就必须进行各种身体练习，即身体素质训练。训练中既要根据不同任务选择运用最有效的手段和方法，又要采用多种手段、方法达到同一目的，从而能主动、自觉、积极地进行训练。

3. 运动训练过程的长期性和训练安排的系统性

从运动生理学和人对技能的掌握规律角度来看，人体运动能力的提高过程是一种对训练刺激产生适应并由量变到质变的过程。因此就能得知，这一过程需要一个长期的积累才能实现，即实现最终的运动动作自动化的程度。这也就是一名优秀运动员的培养需要耗费大量的时间、精力和金钱的原因。尽管可以看到现代体育界中出现过不少优秀的青年选手，他们拥有非常过人的运动天赋，不过，这只能说明他们在体育领域拥有很高的悟性，即便是这种悟性和运动感觉过人，也只能是相对于其他运动员通过相对较少的训练时间拥有更高的水平而已，而并不是仅仅依靠较少的训练就可以达到顶尖的水平。在训练中，必须对影响训练的多种因素加以长期的、系统的科学控制，并通过阶段目标的实现，最后实现预期的总目标。

4. 运动训练负荷的极限性和负荷安排的应激性

现代运动训练为了提高训练的效率，不得不从训练强度上着手进行加强。由此就催生出了许多挑战人体极限的训练方法和负荷安排，这对接受这类训练的运动员来说绝对是种考验。要提高人体适应能力必须最大限度地通过各种运动应激刺激（主要是运动负荷）作用于运动员的有机体，否则就不可能最大限度地提高人体对运动训练和比赛的适应能力，如此要想取得优于他人的能力就是天方夜谭。只有拥有能承受高水平的负荷的能力才能达到高水平的运动成绩。专项运动成绩实际就是运动员对专项负荷强度的承受能力，承受负荷强度的能力越高，运动成绩就越好，反之就越差。不过，在此需要强调的是，尽管这里要求大负荷的训练强度，但是这也要在科学合理的范围内进行，而不能仅仅是简单地增加训练时间和不切合运动员实际的大量训练。

5. 训练参与的个体性和训练安排的针对性

不论是个人项目还是集体项目，运动员在场上都是以个体的形式出现的。即便是团队项目，也是建立在个体参与的基础上的团队进行的。所以说，运动员个体的能力对竞赛的过程和结果都起到决定性的作用。

为此，在现代运动训练领域的研究几乎全部是针对运动员个体的能力发展进行的，由此形成的训练方法与手段都带有非常明显的个体性和针对性。运动员个体之间在形态、机能、运动素质以及技战术掌握的程度和心理发展的水平等方面是有很大差异的，为此，训练组织者要时刻留心每名运动员的行为习惯、心理状态等要素，然后根据这些运动员表现出的个体性，在训练中有针对性地采用各种有效的手段和方法，利用、发挥每一名运动员的优势，弥补其不足，这样才能使训练刺激更有成效地作用于运动员，从而使运动员的各种能力在原有的基础上进一步提高。

从另一角度来讲，运动训练的针对性还表现为对运动员训练方法的区别，这种区别反映在训练目的任务的确定、内容手段的选择、方法的应用以及负荷大小的安排等方面。当然，针对性并不否认群体训练中，在特定的训练过程和时间，在练习形式内容、方法安排上的一致性。

6. 运动训练效果及运动成绩的表现性和表现方式的差异性

由于运动训练的最终目标是能够让运动员在比赛中展现竞技水平，因此，比赛就成了检验运动训练成果的最佳平台。只有在正式比赛中表现出来才能得到承认，而且也只有在最重大的比赛中创造出优异运动成绩才最有意义，才能获得最广泛的认可，由此就产生了各个项目的不同层次的纪录。这是由竞技运动的本质，以及竞技运动与运动训练之间的关系决定的。为了使运动员将训练中的内容运用到最终的比赛当中，就需要训练组织者在训练中，既要着眼于运动员竞技能力的培养，又要加强运动员的比赛能力，现阶段为了达到这一目标，采用了诸多类似于实战的训练方法，或是情境模拟类训练方法，实践中都获得了不错的效果。

7. 运动竞技的激烈性与运动训练安排的科学性与计划性

现代体育运动的竞争异常激烈，无论是评分类、同场竞技类，还是"高、远、快"类项目，其胜负之间的差距普遍不大，以田径运动中的百米赛跑项目来说，冠军与其他名次的选手之间的差距只有不到 1 秒左右，而冠亚军的差距甚至仅有零点零几秒，优势非常微弱。对于这种近乎分毫必争的竞争，如果不通过各种科学的训练理论、方法和手段去尽可能地夺取那些微小因素上的微小优势，是很难取胜的。现代运动训练早已摆脱传统训练的概念，而完全成了一种比拼体育科技实力的竞技场，而这实际上也是各个国家科技水平的竞赛。运动训练要保证它的科学性和计划性，它的内容不能是随机安排的，在训练周期开始前就需要有一个完善的计划和训练预期，它是教练员、运动员实施训练的依据，没有计划的训练是一种盲目的不科学的训练。另外，制订的计划要科学、合理和系统，否则也很难达到最高的训练成效。

（三）运动训练的基本目的、任务

运动训练的目的是通过针对运动员开展的长期训练，不断提高运动员运动项目技能和综合运动水平，使运动员在比赛中获得优异成绩。为了实现运动训练的目的，运动训练必须完成以下任务：

（1）根据专项需要，改善身体形态，提高各器官系统的机能，发展运动素质。提高运动员的健康水平，预防和治疗运动员的伤病。

（2）提高运动员的专项运动技、战术水平，并使之达到高度熟练和运用自如的程度，提高运动员的比赛能力和对各种外界环境的适应能力与应变能力。

（3）培养运动员良好的心理素质，坚韧不拔、吃苦耐劳的精神和勇敢顽强的意志品质。调节运动员的心理状态。

（4）掌握专项运动医务监督、运动营养等基本理论知识，培养运动员自我训练和自我保健的能力。

（5）对运动员进行政治思想教育、培养运动员的爱国热情、努力进取的精神、良好的道德品质和行为规范。养成文明礼貌的行为习惯和优良的运动道德作风。

上述运动训练的五个方面的任务是相互联系的，在运动训练中必须全面贯彻执行才能实现运动训练的目的。

二、体能训练

（一）体能训练的概念

体能训练是一门正在形成中的新学科，关于体能训练的概念，国内外的专家有不同的看法和观点。

国外一些专家认为，具体包括三个方面内容，提高运动员的专项体能训练水平也应从这三方面入手，即 Training，在运动生理、运动生化和医学等有关原理的指导下所进行的提高机体对训练负荷和比赛负荷适应能力的训练；Coaching，运用生物力学和专项理论知识所进行的技术、战术训练；Conditioning，应用心理学、营养学和管理学等原理使运动员处于最佳竞技状态。

我国部分学者认为，体能训练是指"采用各种特定的方法和手段，全面提高运动员的各生理系统的机能和代谢水平，改善运动员的身体形态以及发展其运动素质和健康素质，从而使运动员的机体适应训练负荷和比赛负荷的专门身体训练"。

综合上述两种关于体能训练的不同解释，可以看出，体能训练的根本任务是运用各种专业性的方法和多样化的手段使运动员各器官系统机能水平和身体形态获得全面提高，以致整体提升他们的运动素质，掌握先进的运动技术和技能，为发展专项运动素质和技能创造有利条件。通过上述对运动训练任务的阐述后，基本可以认定体能训练的含义为结合专项需要并通过合理负荷的动作练习，以改善运动员身体形态，提高有机体各器官系统机能的活动能力，充分发展运动素质，促进运动成绩提高的训练过程。

现代运动训练的类型非常丰富，而不仅仅是专项技战术那样简单。现今的运动训练主要包括体能训练、技术训练、战术训练、心理训练以及智能训练等内容。其中，体能训练是所有训练的基础，对运动员掌握专项技术、战术，承担更大负荷的训练和参加激烈的比赛具有重要意义，同时还能防止伤病、延长运动员的运动寿命。

（二）体能训练的构成要素

1. 训练时间

体能训练的训练时间应依据体能训练的具体内容和形式而定，一般来说，一次体能训练应至少保证 20—30 分钟一定强度的练习，这样才有助于改善和提高练习者的心肺功能。

以肌肉耐力与力量训练为例，训练时间与训练中的重复次数成正比。对于一般训练者来说，在足够阻力的情况下，使肌肉全力以赴地练习 8—12 次的重复量，能够同时发展肌肉耐力与力量。当训练者有了进步后，每种抗阻力的训练应重复 2—3 组，以便使训练者获得更大的力量。

再以柔韧素质训练为例，在准备活动中，如在跑步之前，每个伸展动作应保持 10—15 秒。为了提高训练者的韧性，最好在整理活动中做伸展练习，每个伸展动作保持 30—60 秒。

2. 训练形式

体能训练的训练形式即我们平常所说的练习形式。在体能训练实践中，选择练习形式时，应遵循科学训练的专门性原则。例如，为了增强训练者的心肺功能，应让其做提高心肺功能的练习。

3. 训练强度

合理安排训练强度是体能训练中必须考虑的重要问题，不同的体能训练内容，训练强度的具体指向是不同的。一般情况下，训练强度会根据体能训练形式的变化而改变。例如，在以提高心肺功能为目的的训练中，将训练心率提高到心率储备的 60%~90% 的水平。体能较差的训练者则应该以心率储备的 60% 这样较低的训练心率为训练的起点。

4. 训练负荷

体能训练中的训练负荷由两个因素构成，即负荷量和负荷强度。负荷量是指负荷作用的持续时间和单个训练练习或系列练习时间内完成的工作总数（这里的"工作"既包括物理力学的又包括生理学的）；负荷强度是指每个练习时刻的用力值、功能紧张度和作用力度或者训练工作量在某一时间里的集中程度，简单来说就是单位时间内的负荷量。

运动负荷以身体练习为基本手段对训练者有机体施加的训练刺激，是训练者在承受一定的外部刺激时在生理和心理方面所表现出来的应答反应程度。通常情况下，训练负荷对训练者体能训练的训练效果有着决定性的意义，通过对训练负荷诸因素的控制，可以构建起不同特征的训练方法，从而有针对性地提高训练者的体能素质水平。

（三）体能训练的基本要求

1. 全面发展，突出重点

全面发展、突出重点是体能训练的基本要求之一，它主要表现在以下两个方面：一方面，运动员的体能素质内容各方面是相互联系的，因此，运动员应全面发展自身的运动能力，从而为进行专项训练打下良好的体能基础，为专项体能训练的进一步发展创造有利条件。专项训练和比赛要求运动员具有良好的身体素质和运动能力，这就要求运动员具备全面发展的体能素质。另一方面，运动员从事的运动项目决定了其必须具备该项目所要求的体能专项素质，应具备个人特长，因此，在进行体能训练时，运动员不仅要全面发展身体运动能力，还要根据个人的具体情况和专项比赛的需要，做到因人、因项、因时而异，突出体能训练重点。

2. 紧密结合技战术进行

运动员进行体能训练的根本目的是发展运动技能、提高技战术的运用水平，因此在进行体能训练时，运动员应紧密结合技术和战术合理安排体能训练的内容、强度、时间，科学选择体能训练的方法，使体能训练获得的训练效果与专项技术和战术有机地联系在一起，从而使其能够在比赛中通过技术和战术的形式充分地发挥出来。

在体能训练中，训练手段的选择和运用是使体能训练与技术、战术训练紧密结合的关键，体能训练的内容和手段要突出专项特征，在表现形式上尽量与专项技、战术动作相一致，并充分考虑身体练习的生物力学等特征，通过体能训练使运动员的技术、战术顺利转化到比赛当中去。

3. 合理安排训练内容比例

合理安排训练内容比例是体能训练的基本要求之一，具体是在体能训练中合理安排一般身体训练和专项身体训练的比例。该体能训练要求的科学依据在于，一般身体训练所发展的机能潜力是专项训练发展的基础，它可以促进专项运动素质的发展，为训练者技战术水平的提高打下良好的机能基础。每名运动员的身体状况不同，因此，不能单一地使用同一种内容比例面对所有运动员，而随着训练内容的不同，两种训练的比例又需要适当调整。而当运动员处在高水平训练阶段中时，只有更多地进行强化专项身体训练，才能最有效地发展专项运动能力。

4. 重视训练效果的科学评价

重视对体能训练效果的科学评价有助于训练者及时了解自己的训练情况，明确自己与预期目标之间的差距。因此，在体能训练过程中，教练员应系统地对运动员的身体运动能力进行定期或不定期的测量与评价。测量与评价的方式要做到科学、客观运用量化分析和定性分析评定体能训练是否达到了预期目标，及时了解运动员的运动素质和机能水平是否已经达到全部或阶段训练预期的目标，从中还可以为下一阶段的训练收集数据，从而找出体能训练的薄弱环节和改进方法，成为训练计划制订的重要依据，真正做到科学控制运动员的体能训练的进度和进程，提高体能训练的科学性和针对性。

第二节　现代体能训练制约因素

体能是身体素质和运动能力的概括，它表现了人体各器官系统在肌肉活动中所表现出来的机能，是一种满足生活需要和有足够的能量完成各种任务活动的能力。体能包括与健康有关的体能（心肺耐力、柔韧素质、肌肉力量、肌肉耐力和身体成分）以及与动作技能有关的体能（力量、速度、耐力、灵敏和柔韧）。体能与体质有着密切的关系，一些研究资料表明，体能与体质的相关程度最高，其相关系数男生高达 0.919，女生达 0.826。人的身心发育过程是机体对环境的适应，同时也是和外界环境矛盾和遗传性相统一的过程。因此，总的来看，影响人体健康和体能发展的因素尽管较多，但归纳起来，通常可分为先天因素和后天因素两大类。

一、先天因素

先天因素主要是指遗传因素，它在个体的生长发育过程中起着决定性的作用，它是构成机体潜在特征的要素，个体的体型、长相、性格和气质等，都受到其父母的种族，以及一切遗传基因，包括某些遗传性疾病的影响，如色盲、精神病、高血压病等患者的近亲发病率一般高于健康者，单卵双生子的同病率也高于双卵双生子。但是，遗传程度又取决于后天的环境条件，一般来说，遗传的变异也是十分常见的。以体型为例，在良好的生活物质条件环境下成长的子女体型，特别是身高，会超过父母的平均身高水平。这是通过外界环境的改善，机体在充分发挥其遗传潜在特征的同时，还能促使机体朝着良好方面发展，继续若干年后，这种后天获得的优良体质和体格都能遗传给下一代。如果在不良环境和不利的外界因素干扰下，可使机体内外平衡失调引起遗传基因突变，导致各种遗传病发病率升高。因此，要注意卫生保健，养成健康的行为和生活方式，并提倡科学健身、科学婚姻及优生优育等，都会促进遗传变异向良好方面转化。这是种族世代繁衍，增强体质，获得健康、美好生活的基本措施。

此外，在生理遗传上，人类也有非常明显的特征，如外貌、身体形态以及性格特点等。对于较有代表性的智力来说，有效研究发现，它与遗传有很大的关系。美国行为遗传学研究所的学者对 245 位收养子女进行长达 7 年的调查研究发现，遗传对智商有很大的影响。例如，如果智商水平并不突出的父母生下孩子后由智商都很高的养父母抚养成人，这个孩子的智商水平仍旧与生身父母近似。这类孩子在三四岁时智商受其养父母的影响，但随着年龄的增长，智力遗传的特征仍旧开始显现，并占据主要的智力发展位置水平。这种情况说明，先天赋予个体智能的差异与遗传因素有关。但是，环境因素对身心素质的形成和发展有着不可忽视的价值和意义。个体发育、健康水平条件和心理活动模式在不同的生长环境下，会呈现出较大差距。智商高的人也可能"不学无术"，智商平平的人也可能"有志者事竟成"。由此可见，尽管遗传是一个重要因素，但不是决定因素，后天的刻苦努力往往是成才的决定因素。

二、后天因素

（一）环境因素

一般而言，环境对人类健康影响极大，几乎所有影响人类健康的因素都与环境有直接关系。

人类与环境之间的最本质的联系是物质和能量交换。一方面，人体由环境中摄取空气、水、食物等生命必需的物质，在机体内经过分解、同化组成细胞和组织的各种成分，并产生能量，以维持机体的正常生长发育和各项生理活动；另一方面，在机体内产生的各种代谢产物，通过各种途径排到环境中，在环境中经过多次变化，又成为营养物质再被人体所摄取。

通常情况下，环境的构成及其状态的任何异常变化，都会不同程度地影响到人体的正常生理活动。人类具有调节自己生理功能以适应不断变化的环境的能力。环境的改变不超过一定范围时，人体是可以完全适应的，如人体可以通过体温调节来适应环境中气象条件的变化，反之，则可引起人体某些功能和结构发生异常甚至病理性改变。这种能使人体发生病理变化的环境因素称为环境疾病因素。人体的疾病绝大部分是由环境致病因素引起的。在环境疾病因素中，环境污染又占有最重要的地位。以人类肿瘤为例，有人提出在人类癌瘤病因中，约有80%、90%是由环境因素引起的，从而提出了环境致癌学说。在环境致癌因素中，有人估计化学性因素约占90%。一般来说，根据人类所处的环境，可将环境因素分为自然环境和社会环境两个方面。

1. 自然环境因素

自然环境因素，即自然界中的介质，如空气、水、土壤、阳光、气候等诸多因素。人们所从事的一切行为都要以此环境为介质进行。毋庸置疑，它为人类提供生存和发展的物质基础。我国古代医学家早在2000年前就发现了自然、气候与人的心理和生理健康有关，并提出了"天人相应""天人合一""人以天地之气生，四时之法成"的说法。

人类与自然环境之间是相互联系、相互影响的。人置身于大自然中，能摄取其有益于身体的物质，不同气候和不同季节对人体基础代谢有一定影响。如生活在热带地区的人，生长发育速度往往要比生活在寒带地区的人快而早，且寿命会比寒带地区的人短；少年儿童常在春季增高较快，秋季增重较快。由此可知，气候、季节与生长素分泌量或能量代谢有关。优美适宜的环境能使人的心情舒畅，内分泌协调，精力充沛，对青年、儿童的身心健康成长更为重要。但当外界环境受废气、废水、粉尘、噪声和振动等公害污染，或气候的酷暑严寒、空气湿度、温度、气流、气压的突变，环境刺激超过机体的适应能力时，机体与外界环境之间的平衡被破坏，人体健康就会受到影响，将会出现病理状态。

2. 社会环境因素

人们生活在社会大家庭中，主要与社会的组织结构和社会意识结构发生联系。所谓社会组织结构，是指家庭、工作单位医疗保健设施以及其他社会集团。所谓社会意识结构，是指政治思想、道德观念、风俗习惯、文化生活以及政策法令等。这两类社会因素所产生的作用和影响，都可能成为有益或有害于人体健康的外部因素。

家庭环境对运动员身心健康成长的影响是直接的，家庭结构、经济条件及父母的文化修养都直接影响着孩子的健康成长。从教育角度来看，父母是子女的启蒙教师，父母的人格会直接影响到子女。在家教民主的家庭里，子女的性情一般开朗活泼。如果从小缺少家庭温暖或生活在孤寂、贫困之中，虽然这些孩子的独立能力较强，但性情会孤僻放任。

运动队的环境对运动员的影响很大，如果家庭是个人生活的结合体，而运动队则是运动员学习（生活）的合作体。运动员在这里进行训练，接受教育，这些都决定着运动员的自身发展以及对客观事物的认识和控制能力。运动员掌握了科学的文化知识，就会劳动、会生活、会交际，更好地安排自己的休息、娱乐和运动。

（二）心理因素

人类有着极其复杂的内心世界，而且加之现代人们生活在文明社会之中，普通人除了正常地满足生理需求之外，还会产生一系列的心理方面的情绪，这部分内容甚至在很大程度上对人的生理也会产生重要的影响。现代医学临床实践和科学研究发现，消极的情绪，如焦虑、怨恨、忧郁、悲伤、颓丧、恐惧、惊慌、紧张、愤怒等，可以引起人体各系统功能失调，导致失眠、心动过速、血压升高、食欲减退、尿急、腹泻、月经失调、乳汁减少等。目前，许多常见疾病如心血管病、肿瘤、高血压、消化性溃疡、慢性闭塞性肺疾患、意外伤害、自杀等已被认定与心理因素有关。相反，积极的、稳定的心理状态是保持和增进健康的必要条件，积极、乐观、坚强的情绪能经得起挫折。

心理健康的标准虽多种多样，由于环境和背景的不同，各方对于心理健康的标准的认定也有所不同，但总的来看又有其共同之处，其基本要素主要包括以下几个方面：

（1）建立正确的心理思维方式。人的思想和心理受到思维方式的影响，这是研究心理健康的第一个基本要素。

（2）对现实有较强的适应能力。人的适应能力有生理适应和心理适应两种。生理适应通常有规律可循，而心理适应则比较复杂，应根据各人所处的客观条件来决定。

（3）能与别人建立良好的关系，对人诚恳、谦虚、宽厚、与人为善、乐于助人。

（4）对待自己有深刻的了解和定位，不过于高看自己，也不过于看低自己。

（5）心理状态稳定，性格良好。心理状态的稳定主要体现在情绪的波动较小，能够在大多数时间保持愉快或平静的心情。能勇于面对困难，经受得起委屈、误解和打击。

（6）通过较高情商维护好身边的"团体"，如保持家庭和谐，能交到一些知心朋友等。

（7）稳定的社会环境、居住环境和心情舒畅的进取环境。

需要指出的是，对于心理疾病的防治，单靠药物是治不好的，即使治好也是短暂的。外界刺激条件和情绪因素是身心疾病发病的重要原因，主要通过心理治疗以消除致病的消极心理因素。

（三）营养因素

营养是增强体质、提高健康水平的物质基础。对于运动员来说，营养是其重要的物质基础，是体内同化过程超过异化过程的结果。因此，必须不断地从食物中摄取各种必需的营养素，尤其是足够的热量、充足的优质蛋白以及各种维生素、矿物质和微量元素。

维生素是维持人体生命和正常功能不可缺少的营养素，若供给量不足，人体内的含量减少，正常代谢和生理功能就会受到影响，严重的还可导致维生素缺乏症，如维生素 A 有维持正常视力、保护眼睛和维持上皮组织的功能；维生素 D 能促进钙的吸收，促进骨组织的钙化成长，参与钙磷代谢。如果维生素 A 缺乏，可引起眼干燥症、夜盲症及上皮增生角化。维生素 D 缺乏，儿童易患佝偻病，成人易得软骨症。

此外，微量元素亦与运动员的发展有关，铁不仅是合成红细胞中血红蛋白的重要成分，而且还是一些重要代谢酶的组成部分。如果营养过剩也会妨碍其正常发展，摄入热量过多或脂肪、胆固醇含量过高可导致肥胖。在营养不足的情况下，可造成身心发育上的各种缺陷或疾病，将会给学习、工作和身心健康带来极为不利的影响。因此，运动员的膳食应注意合理地搭配各种食物，讲究科学的烹调方法，避免食物在烹调过程中营养素的破坏和损失，并注意养成良好的饮食习惯，以及特殊情况下的饮食安排。

（四）生活方式因素

生活方式，是指人们长期受一定文化、民族、经济、社会、风俗、规范，特别是家庭影响而形成的一系列生活意识、生活习惯和生活制度。我国春秋时期齐国的政治家管仲曾指出："起居时，饮食节，寒暑适，则身利而寿命益；起居不时，饮食不节，寒暑不适，则形体累而寿命损。"表明我国很早就已经认识到生活习惯、规律、意识等与健康有关。

据统计，美国 1976 年死亡人数中，50% 与不良生活方式有关，20% 由于环境因素，20% 由于生物学因素（遗传与心理），只有 10% 是医疗条件造成的。我国 20 世纪 80 年代初的死亡率已接近西方发达国家，排在前三位的死因为脑血管病、心脏病恶性肿瘤，其致病因素有约 44% 与生活方式有关，与美国相接近。

1979 年美国卫生福利部发表了《健康的人民—卫生总监关于健康促进和防治疾病的报告》，划时代地提出了"第二次公共卫生革命"的口号。报告指出："预防这类疾病的关键不仅仅是那些决策者或建立一个更安全、更健康的环境"，更重要的是"依靠每个人民自觉地行动"。这里所指的自觉行动包括：不吸烟；不酗酒；节制饮食，减少热量、脂肪、盐和糖的摄入量；适当地锻炼身体；定期健康检查，以便早期发现高血压、恶性肿瘤等重要疾病；遵守交通规则，系好"安全带"。

近年来，世界上很多国家广泛开展了健康教育，制定和实施各种卫生保健措施，尤其是在预防与控制生活方式病方面取得了前所未有的成就。生活方式病是指由于采用不良的生活方式而引起的一系列疾病，包括由个人不良生活方式引起的疾病和现代化生活引起的"文明病"。例如，现代化交通工具的发展，使人们身体活动减少，运动能力衰退；由于社会人际关系的复杂性，人的心理压力增大，引起各种心理障碍疾病；由于性解放致使艾滋病泛滥等。这些由不健康的行为和生活方式导致的疾病的发展已经越来越多，而传统医疗技术和药物对其可以进行了有效的控制，不过，这并不是最好的解决这类问题的办法。正确的方法应该是从寻找正确的生活方式入手，从根本上解决问题。因而健康促进和干预激励人们采取有益于健康的行为和生活方式。同时，健康促进不仅是对付生活方式病的重要对策，而且也是预防和控制许多传染病和地方病等各种健康问题的重要对策。例如，目前预防艾滋病的唯一有效方法就是健康教育。新中国成立后，党和政府一直重视预防工作，特别是在传染病的预防方面取得了很大的成就，并根据我国人民体质和健康状况提倡以下主要生活习惯：

（1）与人为善，自尊自重。

（2）心胸豁达，情绪乐观。

（3）营养适当，防止肥胖。

（4）家庭和谐，适应环境。

（5）劳逸结合，坚持锻炼。

（6）不吸烟，不酗酒。

（7）生活规律，善用闲暇。

（8）爱好清洁，注重安全。

（五）体育锻炼因素

"生命在于运动"的名言告诉每一个人积极参加体育运动对于促进身体新陈代谢和多种系统保持优秀的工作状态能起到非常重要的作用。不仅如此，经常参加体育运动还可以促进人的生理、心理及免疫功能等产生一系列良好的变化。例如，体育锻炼有利于促进大脑两半球的均衡发展，对创造性思维发展十分有利。经常性参加体育锻炼还可以陶冶情操，锻炼思维，培养勇敢、顽强、果断、坚毅的意志，增强集体观念，使人们达到身心健康的目的。

对运动员来说，在室外的自然条件下进行锻炼，由于受到自然环境因素的刺激，在身体活动中可以不断提高大脑对兴奋和抑制的调节能力，获得和增强对自然环境变化的适应能力，使身体能经得起风雨的磨炼。体育锻炼能加速机体各组织器官功能的改善，促使血液循环的改善，使心肌供血增加，心肌纤维增加，心壁增厚，心脏收缩力提高，改善全身的血液供应，给骨骼生长以充足的养料，有利于加速骨的生长，促进肌肉发达。长期锻炼可使呼吸功能不断加强，胸廓发育明显改善，能促进内吸收过程。体育锻炼还能刺激各种激素的分泌，提高机体非特异性免疫功能。这些都充分说明，体育锻炼是增强人的身心健康的积极而有效的途径。

经常性的身体活动对运动员的身心健康的发展有着重要作用。由于室外体育锻炼的空间广阔，内容丰富多彩，因此可以满足许多年龄段的运动者开展运动，它对于发展个性，提高对体育运动的兴趣，形成各人个性心理特征，养成锻炼身体的良好习惯，都有着极为重要的作用。在户外进行体育锻炼可充分利用自然因素，如日光、空气、水、气温等，能有效改善身体各器官系统的功能，提高身体基本活动能力和运动能力，提高身体素质以及对客观环境的适应能力，取得动态平衡，有利于促进健康，增强体质。

（六）卫生保健设施因素

生保健设施是保证人类健康极为重要的因素。早在 1978 年，世界卫生组织在《阿拉木图宣言》中就宣布，初级卫生保健"是全世界在可预见的将来达到令人满意的健康水平的关键"。初级卫生保健包括健康教育、供给符合营养要求的食品、供给安全用水和基本环境卫生设施、妇幼保健和计划生育工作开展预防接种、预防常见疾病、采取适用的治疗方法、提供基本药物八个方面。

为了促进人类的健康，世界各有关组织以健康问题为目标，相继制定了有关促进健康的措施和方法，如 1979 年的《消灭各种形式歧视妇女公约》；1990 年的《关于保护、促进和支持母乳喂养因诺琴蒂宣言》；1992 年的《里约环境与发展宣言》；1992 年 12 月罗马的《世界营养宣言》和《全球营养行动计划》。我国也和世界卫生组织的其他会员国一样，积极响应《世界营养宣言》，不断改善和提高中国人民的营养水平。

长期以来，我国党和政府都把保护人民健康作为自己的职责之一，尽可能根据国情改善社会的卫生保健设施，促进人民健康。新中国成立之初，开展了群众性爱国卫生运动，在全民中普及卫生知识，提出了"动员起来，讲究卫生，减少疾病，提高健康水平"以及"除四害，讲卫生，增强体质，移风易俗，改造国家"等口号，在"预防为主方针的指引下，控制了四大寄生虫疾病，各种传染病发病率大幅度下降"。在防病、灭菌过程中建立起"三级保健网"，国家先后制定了《环境保护法》《食品卫生法》《药品管理法》《工业企业设计卫生标准》等有关的卫生法规。经第七届全国人民代表大会常务委员会第六次会议通过的《中华人民共和国传染病防治法》于 1989 年 9 月 1 日起施行。1992 年，全国爱国卫生运动委员会颁发《2000 年人人享有卫生保健规划目标》中的健康教育指标评价方法与实施计划中指出：为了更好地落实《2000年人人享有卫生保健》的规划目标，将对规划目标中的健康教育指标进行量化，制定指标评价方法和实施计划，使其实用、科学，以推动开展全民健康教育，达到卫生发展纲要的总目标。我国政府还公布了《食品安全国家标准"十二五"规划》，以进一步加强食品安全工作，建立健全食品安全标准管理制度，切实维护人民群众的健康。国家相关卫生法规的制定和履行，以及卫生条件和设施的改善，有力地促进了我国卫生工作和健康教育工作的迅速开展，为提高人的身心健康水平和全民族的身体素质奠定了坚实的基础。

第三节　现代体能训练的发展研究

一、现代体能训练的发展现状

科学、有序的体能训练能够挖掘人体潜力，培养和提高运动员的各项身体素质，为运动员竞技水平的发挥提供保证，促进其取得优异的比赛成绩。在我国，对体能训练方面的研究和实践还不够深入，现阶段，体能训练的发展虽然取得了一定的成果，但更多的是面临着诸多问题需要改进，这些问题严重制约着我国体能训练的进一步发展。具体来说，我国体能训练发展中的问题主要包括以下几个方面：

（一）体能训练理论研究的局限性

目前，我国对体能训练理论的研究还存在着一定的局限性。具体表现在两个方面：一方面对体能训练的概念还没有清晰的认识，另一方面没有建立起一个完善的体能训练理论与实践体系。

我国相关专家和学者将运动项目普遍分为技能类和体能类两个大类。这里重点分析体能类项目，它包括耐力性项目和速度力量性项目，以运动员竞技能力的主导要素为依据。在体能类的竞技运动中，体能是运动员竞技能力的主导和核心，决定着激烈比赛的胜负。身体形态、生理机能和运动素质是运动员的体能的主要要素，这些要素也就成了体能训练重点关注的内容和训练针对点。在这些要素中每种要素又有着大量的指标，通过这些指标可以较为量化的反映运动员某方面的状态，运动员的体能水平就是这些要素指标的有机综合。因此，对体能训练进行研究自然包括对运动员体能的研究，这里主要包括以下三方面的内容：

（1）对体能构成分类的研究。运动员的体能是由多种要素构成的，这在上面的文字中有过相关表述。因此，对于运动员的体能训练就需要从形态、机能、素质三个层面研究运动员体能的某一方面的状况，否则研究就会显得片面和不客观。

（2）在对体能构成分类进行研究后，便可以对运动员体能水平综合表现的指标构成进行研究。

（3）研究要从运动员的整体竞技能力结构入手，以此为基准对运动员体能的总体宏观情况进行研究。

上述一些体能训练方面的研究可以充分反映出研究是从不同角度着眼的，它考虑到了人体体能构成的特殊要求，如此非常有利于体能专项训练的科学化，但这些研究将体能看作一个整体，很少涉及其对专项运动成绩的影响，研究中对构成体能水平的具体指标、对运动员运动成绩的影响研究也非常少。对于运动水平较高的运动员来讲缺乏体能水平理论与方法指导，可见，我国体能训练研究的整体理论与方法体系还需要进一步完善。

（二）体能训练中训练内容的不当

通过对我国体能训练现状的调查研究发现，在现阶段我国的体能训练中大都或多或少地出现一般体能训练与专项体能训练两者之间的比例安排不合理的现象。具体来说集中表现在两个方面：一方面为在运动训练的基础和初级阶段中为了争取运动员早出成绩，以揠苗助长式地要求过早使用成年运动员的训练方法和手段，这使得运动训练的专项倾向过重，使运动员的体能训练过早专项化；另一方面则是运动员在进入高水平训练阶段后，一般能力训练仍保持着较高的比例，不过，相对于前一种问题，这种问题的发生较少一些。但对于高水平运动员来说，完整和高强度的专项训练尤其重要。进入高水平训练阶段后，运动员成绩的提高很大程度上依靠"体能"的改善来实现，当前的体能训练内容安排得不当直接导致高水平运动员难以有显著的成绩突破，竞技能力"可塑空间"逐渐减少，只能停滞在当前的专项体能水平上，更有甚者会出现体能水平倒退的现象。

体能训练中一般体能训练与专项体能训练的内容安排不当，显然违背了运动员的生理发育规律，使得训练的系统性遭到了破坏，专项化、个体化和高强度的训练难以实现，运动员难以在更高的层次上建立新的技能平衡，无法有效提高专项能力，这对运动员的运动生涯发展是非常不利的。

（三）体能训练中训练思路的不合理

训练思路是训练工作的指导思想，是对于训练规律的认识，"对运动成绩本质的理解和对训练工作的设计以及对训练过程的控制"是其核心问题所在。训练思路的正确与否，会对训练工作产生重大的影响。

我国传统的训练理论是从苏联引进的，它是以体能为基础的训练理论，是运动训练学的最基本理论。从传统训练理论的形成过程看，大多数人认为传统训练理论已经抓住运动训练规律的"本质"，是一种"理性认识"，但事实并非如此。目前，在训练界，没有哪一种训练理论是终极的，是真正抓住运动心理的本质规律的理性认识，然而传统训练理论的"思维范式"使得众多的教练员忽视和搁置其他先进训练理论。不得不承认，现代体能训练存在的问题，原因是多方面的，训练思路的不合理是产生这些问题的重要因素，这对我国体能训练的发展有一定的阻碍作用，因此，教练员和相关学者必须加大对体能训练的研究力度，还要借鉴国外的经验，取其精华，去其糟粕。只有这样才能重新建立更加全面、完善、系统的训练思路，才能促进体能训练的不断进步。

（四）体能训练形式与力度不协调

对于体育运动训练来说，无论是基础的体能训练还是技战术训练，都要求在逐步适应的条件下完成才能收到较好的效果，而这种适应性需要通过训练的形式与力度来相互协调。例如，训练手段的选择决定了机体接受刺激的部位，而训练负荷的大小则确定了对机体某一部位刺激的程度，也就是说，训练手段和训练负荷从内外两个方面确保了机体能力沿着预定的训练方向发展。

当前，与国外先进水平相比，我国体能训练水平相对较低，差距也比较明显，最突出的问题有以下两个：

第一，我国体能训练中只注重专项训练的外在"形式"而忽视内在"力度"的现象普遍存在。例如，在体能训练中，为了急于获得一种"速成"的效果，许多教练员会选择一些与专项运动更加贴近的训练手段，这看起来似乎很有道理，并没有什么不当之处。不过，深入来看这个问题就能发现对某一个专项练习的负荷来说，在训练次数、组数以及次和组间隔等一些训练强度的主要构成要素上不能反映和突出专项特点，如果长期以这种思路坚持训练将会无法冲击运动能力的"极限"，能给运动员专项的适应带来帮助的程度极为有限。因此，不能将这种训练称为真正的专项体能训练。

第二，由于传统周期训练的理念在我国教练员心中的"地位"较高，因此这些教练对训练中的"量"与"质"的理解较为片面，这就直接导致他们错误认为最终质量的实现就是依靠简单的数量堆积，于是，他们就简单地以运动员身体的疲劳程度作为训练质量的评判标准。不过，以现代体能训练学的发展成果来看，这种简单以"量"为主构成的训练不可能满足运动员的专项体能训练强度需求，也不可能促进运动员运动水平的进一步发展。

（五）体能训练的训练方法不科学

复杂的人体机能决定了对其进行训练也同样是复杂的过程。对于运动来说，它本身也是一种动态的过程。在两者皆为变量的前提下，为了获得预期的训练效果就需要理清两者之间的相互关系、矛盾和平衡点。

目前，我国众多体育职能部门和教练员并没有意识到训练方法的可变性以及训练方法必须适应体能训练的发展阶段需求，他们很少对训练大方法进行考究、反思，如果与实践愿望相违背，只会反复强调加大训练强度和延长训练时间，如果训练效果仍然不尽如人意就将"失败"归罪于"人种论"。综观世界体育运动训练，几乎体育大国的运动训练理念、方法和手段始终都处在不断的变化中，它随时会根据运动竞赛形式的变化而变化，快速的变化和新颖的训练方式已远远超过传统训练理论的"认知"。然而与这些体育大国相比，我国的体育行政部门的理念转换仍旧显得不足，主要表现在长期以来从未改进过训练方法，体能训练方法与训练实践严重脱节。

（六）体能训练人才培养的不完善

我国体能训练人才相对缺乏，人才培养不完善是一个不争的事实，也是我国现代体能训练存在的一个突出问题。

就我国体育运动发展现状来说，运动人才的培养主要是依靠高等体育院校以及综合大学的体育专业，而对于体能训练专门人才的培养仍显不足，相关运动训练的人才培养体系尚不完善，主要表现如下：

（1）缺乏体能训练专项研究领域的学生、教师和体能训练专业教材。

（2）缺乏理论体系和实践操作环节，训练方式陈旧且种类单一，早已与现代先进训练方法脱离较远。

（3）缺乏体能训练研究的相应场所和仪器。现有的所谓的体能中心大多关注心肺功能的研究，对体能训练的核心内容力量训练缺乏认识。与此同时，体能训练的研究器材与仪器，不论是生产水平还是配备情况都不容乐观。

以上因素致使我国未来体能训练缺乏必要的专业人才队伍，严重制约了我国体能训练的可持续发展。

二、体能训练的发展趋势

（一）训练负荷不断合理化

现代运动科学研究表明，恢复对于经常参加训练的运动员来说是非常重要的身体能量复原环节，一个好的恢复过程可以使运动员的身体在最短的时间内恢复到训练前的水平，以便更好地参加到下一次训练中。基于此，就要求训练负荷在一个合理的范围内增加，并且还要配备相应的恢复措施。与过去相比，现代运动训练后恢复措施的手段也更加丰富。从运动训练原理的角度上看，训练过程实际上就是一种使运动员机体不断得到新刺激，并不断对新刺激予以适应的过程。所以，在现代运动训练中，训练负荷的安排是以强度作为训练负荷的灵魂。对于任何周期的训练都是如此。传统训练负荷的增大方式通常表现在数量上，而到今天，训练负荷的增加还可以是单位时间的训练强度，甚至这种增加负荷的方式已经成了主流方法，如此就使得体能训练中教练员对运动员训练负荷的安排越来越合理。

（二）体能训练高度专项化

随着体能训练的科学化程度不断加深，体能训练越来越呈现出专项化的趋势。由于不同的运动项目对运动员的运动专项体能素质要求不同，传统的枯燥、简单的田径场训练和杠铃练习正在不断减少，现阶段，多样的高度专项化训练方法不断出现，这也是体能训练未来的重要发展趋势之一。

（三）体能训练方法多样化

体能训练方法日益多样化得益于我国运动员和教练员在体能训练方面积累了丰富的经验，因此，他们总结了多种多样的训练方法来指导体能训练。现代体育发展和提高运动员的体能，以"速度"和"力量"为核心，训练的实效性也已经成了评定训练水平的重要标准。传统的持续、间歇、重复、循环、游戏、比赛等训练方法使运动员的体能训练中得到了保存，同时电刺激法、计算机训练法等新的训练方法因高科技手段的引进，在体能训练中得到了应用，新的训练方法与传统的训练方法相结合，使得体能训练更加科学、有效，正因如此，才促使了运动员不断突破极限，创造更优异的运动成绩。

（四）女子训练日趋男性化

现如今，女子运动竞赛与男子运动竞赛一样成了万众瞩目的赛事项目，甚至有些女子比赛的观赏度更高。不过，从过往来看，由于男权社会的影响颇深，女子不能参与体育运动，如此一来，早期的运动项目均为男子项目，因此，男运动员的竞技水平也远远高于女运动员。当女子项目逐渐出现后，女运动员的技战术通常开始向男子选手看齐。而这也是非常有效的方式，如从技术动作上模仿男运动员，或是在模拟实战训练中与男运动员对抗等。

（五）体能训练越发实战化

通过体能训练获得比赛所需的运动水平是高水平运动员的体能训练的根本目的，训练的专项化程度越来越高。以力量素质为例，为了更加有效地继续提高和发展运动员专项所需要的肌肉力量，现代体能训练的力量训练方法愈来愈多，针对性越来越强，并日益具体化，如除了要对人体运动能力起到最大影响的大肌肉群进行训练外，对一些运动专项所需的小肌肉群的训练也逐渐得到了业内的广泛关注。而且各种体能训练方法、训练手段、训练负荷等的选择和安排更加符合运动员的比赛状态，结合比赛需要进行体能训练的训练目标更加明确。

第二章　现代体能训练理论指导

第一节　体能训练的生理基础

人体是由运动系统、循环系统、神经系统、呼吸系统、消化系统、排泄系统、生殖系统和内分泌系统组成的。体育锻炼是人体各器官、系统协调配合所完成的，它对各器官系统的活动产生良好影响。为此，了解人体各主要器官系统的结构与功能，能有效指导大学生科学地进行体育锻炼，是终身健康的基本前提与保障。

这里仅介绍运动系统、循环系统、呼吸系统和神经系统。

一、体能训练对人体运动系统的影响

人体的运动系统由骨、关节、肌肉（骨骼肌）构成。人体的各种运动都是骨骼肌收缩产生力量并作用于骨骼，骨骼绕着关节运动所完成的。体育锻炼可以对运动系统产生良好影响。

（一）人体运动系统的一般结构与功能

人体的形态，从外形看，可分为头、颈、躯干和四肢等主要部分；从人体内部看，主要包括肌肉、骨骼、心、肝、肺、肠、胃等器官；如果用显微镜来观察就可以发现，人体任何部位、器官都是由基本相同的结构单位组成的，这就是细胞。它是组成人体的形态、结构、机能和生长发育的基本单位。细胞作为组成人体的基本单位，不是无序的堆积，而是按照一定的组合规律组成组织的。其中有一种组织起主要作用的整体结构称为器官；由若干种功能有密切联系的器官组合起来构成执行统一功能的结构体系称为系统；再由若干种功能不同的系统统一组成人体的整体。人体各系统是在神经系统统一控制、调节下执行着人体的各种功能。

1. 骨的结构与功能

骨构成人体的支架，人体的骨，共有 206 块，分长骨、短骨、扁骨和不规则骨。按它们所在的部位，可以分为头骨、躯干骨和四肢骨。骨借助韧带或软骨连接构成人体的支架，

具有新陈代谢及生长发育的特点，并有创伤愈合和修复再生的能力。骨的外表包着一层骨膜，含有丰富的神经、血管和成骨细胞。骨膜对骨的生长和再生有重要作用。此外，骨髓还有造血机能。

骨的功能具体表现为：

（1）支持负重：骨与骨连接成骨骼。构成人体的支架，具有支持人体局部和全身重量的作用。

（2）运动杠杆：骨在肌肉收缩时被牵拉，绕关节转动，使人体产生各种运动，起着杠杆的作用。

（3）造血功能：骨髓内的网状细胞是比较幼稚的细胞，它经过分化可以变成血细胞。

（4）保护功能：骨围成的腔隙，保护人体的重要器官，例如：颅骨保护脑，胸廓保护心肺等重要器官。

2. 关节的结构与功能

人体全身的骨头共有 206 块。它们之间紧密连接，有机结合，形成一个完善的整体结构。那么，这些骨头是怎样连接在一起的呢？原来骨与骨之间的连接装置叫关节。构成关节的主要结构为关节面、关节囊和关节腔。其各自结构功能为：

（1）关节面就是骨与骨连接的两端骨面，每个关节面都覆盖一层软骨，表面光滑，有弹性、起减少摩擦和缓冲震动的作用。

（2）关节囊长在关节的周围，使关节腔密封起来，其内侧能分泌黏液，起润滑作用；其作用具有减少关节之间的摩擦，缓冲震动和润滑关节面的作用。

（3）关节腔就是关节面与关节囊之间的空腔。有些关节腔内还有软骨般的结构（如膝关节处的半月板），可以增加关节的活动范围和保护关节面。关节周围常有许多韧带，使关节活动灵活但很坚固。此外，关节周围的肌肉也起着加固关节的作用。

除关节的主要结构外，还有关节的辅助结构，这些辅助结构包括滑膜囊、滑膜皱襞、关节内软骨、关节韧带等，它们主要对关节起加固、保护和减少摩擦等作用。

3. 骨骼肌的结构与生理特性

人体有 400—600 块骨骼肌，通过肌肉的收缩和舒张，人体得以进行多种运动和维持各种优美的姿势。每块肌肉一般都可分为肌腹和肌腱两部分，肌腹一般位于肌肉的中部，主要由肌纤维（即肌细胞）、血管和神经等组成，肌纤维具有收缩功能。人体的肌纤维又可分为红肌纤维和白肌纤维 2 种，红肌纤维的收缩速度较慢，耐力较好，可维持长时间的收缩；白肌纤维收缩速度快，力量大，但容易产生疲劳。肌腱是由致密结缔组织、神经纤维和毛细血管等构成，肌腱的韧性很大，能随强大的牵拉力并将力传递给骨，肌肉借肌腱附着于骨上。

肌肉接受主神经冲动后，会产生收缩作用从而引起身体的运动。骨骼肌收缩时，会牵引它所附着的骨产生运动，肌肉只能"拉"而不能"推"。对每一块引起运动的肌肉来说，总有另一块肌肉产生相反的动作，举一个最简单的例子，一块肌肉能使我们的腿弯曲，同时就会有另一块肌肉将其拉直，这些肌肉对被互相称为拮抗肌。

肌肉的生理特性包括兴奋性、传导性和收缩性。肌肉对内外环境刺激产生的能力称肌肉的兴奋性。肌肉在其收缩前，先产生兴奋。在一定生理范围内，肌肉的兴奋性越高，肌肉收缩时产生的力量就越大。肌纤维某一点产生兴奋后可将兴奋传播至整个肌纤维，这种特性称为肌肉的传导性。肌肉接受刺激产生兴奋后，可使肌纤维收缩，这一特性称为肌肉的收缩性，肌肉的收缩过程非常复杂，简单地说肌肉的收缩是肌肉蛋白相互作用的结果。

肌肉收缩时会产生长度和张力的变化，根据肌肉收缩时长度和张力变化的特点，这种收缩可分为等张收缩和等长收缩两种，而等张收缩根据运动形式又可分为向心收缩、离心收缩和等动收缩。

（1）向心收缩。骨骼肌收缩时长度缩短的收缩称为向心收缩。这种收缩的特点是，肌肉收缩使肌肉的长度缩短、起止点相互靠近，因而引起身体的运动。由于在收缩过程中肌肉的张力基本保持不变，故向心收缩又称为等张收缩（IsotonicContraction）。有时也称为动力性或时相性收缩。

（2）等长收缩。肌肉在收缩产生张力时长度不发生变化，这种收缩称为等长收缩，又称为静力收缩。

（3）离心收缩。肌肉在收缩产生张力的同时被拉长的收缩称为离心收缩。如下蹲时，股四头肌在收缩的同时被拉长，以控制重力对人体的作用，使身体缓慢下蹲，起缓冲作用，这时肌肉做离心工作，也称为退让工作。再如搬运重物时，将重物放下，下坡跑和下楼梯等也需要肌肉进行离心收缩。肌肉离心收缩可防止运动损伤。

（4）等动收缩。等动收缩。等动收缩是指在整个关节运动范围内，肌肉以恒定的速度进行的最大用力收缩，如自由泳中的手臂划水动作，在日常锻炼中等动收缩需要专门的器械，最基本的就是等速拉力器。

（5）向心、离心和等长收缩的比较。在收缩力量相同的情况下，离心收缩可产生最大的张力。离心收缩产生的力量比向心收缩大50%左右，比等长收缩大25%左右。肌肉离心收缩时肌肉受到外力的牵张时会反射性地引起收缩。另外，肌肉内并联及串联成分对离心收缩都发挥作用，因此可产生较大的张力。而向心收缩时，只有可收缩成分（肌纤维）在收缩时产生张力。张力在作用于负荷之前，先要拉长肌肉中的弹性成分。这时由外部所测到的肌肉张力，实际上小于肌肉所产生的张力。一旦肌肉中的弹性成分被充分拉长，肌肉收缩产生的张力将全部作用于外界负荷上。肌肉收缩产生的张力，有一部分是用来克服弹性阻力。因而，收缩时表现出来的张力较小。

（二）体质体能训练对运动系统的良好影响

1.体育锻炼对骨的良好影响

长期从事体育锻炼，通过改善骨的血液循环，加强骨的新陈代谢，可使骨径增粗，肌质增厚，骨质的排列规则、整齐，并随着骨形态结构的良好变化，骨的抗折、抗弯、抗压缩等方面的能力都有较大提高。人体从事体育锻炼的项目不同，对人体各部分骨的影响也不同。经常从事以下肢活动为主的项目，如跑、跳等，对下肢骨的影响较大；而从事以上肢活动为主的项目，如举重、投掷等，对上肢骨的影响较大。体育锻炼的效果并不是永久的，当体育锻炼停止后，对骨的影响作用也会逐渐消失，因此，体育锻炼应经常化。同时，体育锻炼的项目要多样化，以免造成骨的畸形发展。

2.体育锻炼对关节的影响

科学、系统的体育锻炼，既可以提高关节的稳定性，又可以增加关节的灵活性和运动幅度。体育锻炼可以增加关节面软骨和骨密度的厚度，并可使关节周围的肌肉发达、力量增强、关节囊和韧带增厚，因而可使关节的稳固性加强，在增加关节稳固性的同时，由于关节囊、韧带和关节周围肌肉的弹性和伸展性的提高，关节的运动幅度和灵活性也大大增加。

3.体育锻炼对肌肉的影响

科学系统的体育锻炼，可以改善肌肉的生理功能。

（1）增大肌肉的生理横断面：肌纤维增粗可使肌肉横断面增大，而肌纤维的增粗则主要是收缩性蛋白质含量的增加，因而两种蛋白质微丝收缩滑行时产生的力量就增大。多做负重肌肉练习对增大肌肉生理横断面有良好效果。

（2）肌群的协调能力增强：不经常参加体育锻炼的人，最大用力时只能动员60%左右肌纤维参加活动，而经常参加体育锻炼的人，则可动员约90%的肌纤维参与活动，力量自然就大。

（3）肌肉收缩前的初长度：肌肉收缩时发挥的力量和收缩时肌肉所处的长度状态有关。如果肌肉收缩时已经处在缩短状态或过分拉长状态，都不能发挥最大力量。只有当肌肉收缩时肌肉处在适宜的预先拉长状态，才能有利于最大力量的发挥。因此，运动时努力掌握正确规范的运动技术动作，是发挥最大肌肉力量的重要条件。

（4）肌肉收缩的代谢适应：肌肉的收缩和放松有赖于能量的供应，经常进行力量锻炼，能使肌肉产生一系列代谢适应性变化，如肌肉中毛细血管网增加，保证氧气及养料的供给；肌肉中能源物质（如肌糖原等）含量增加；肌肉内各种酶活性提高等，从而保证肌肉功能的发挥。

二、体能训练对人体循环系统的影响

循环系统是人体运动时养料和氧气的"运输线"。它是封闭的管道系统，包括心血管系统（血液循环）和淋巴管系统（淋巴循环）两部分。淋巴循环是血液循环的辅助部分。

循环系统的主要功能是完成体内的物质运输，运输代谢原料和代谢产物，它可使机体新陈代谢不断进行；体内各内分泌腺分泌的激素和其他体液物质，通过血液的运输来实现机体的体液调节。机体内环境理化特性相对稳定的维持和血液防卫功能的实现，也都有赖于血液的不断循环流动。

（一）人体循环系统的一般结构与功能

1.心血管系统的结构与功能

心血管系统是由心脏和血管组成的，它的作用是使血液在血管里不断流动，把氧气和营养物质源源不断地运给各组织、细胞，同时把组织、细胞在新陈代谢过程中产生的二氧化碳和废物运送到肺、肾和皮肤等处，排出体外。

（1）心脏——血液循环系统的动力之泵。它不停地有规律地收缩和舒张，不断地吸入和压出血液，以保证血液沿着血管朝一个方向不断地向前流动。

心脏每收缩和舒张一次，称为一个心动周期。心脏每分钟跳动的次数称为心率。心率与心动周期的长短有关，心动周期越短，心率越快；反之，心率越慢。正常人安静状态时心率为60—100次/分钟。心率有较大的个体差异，不同年龄、不同性别、不同生理状态下，心率有所不同。初生儿的心率较快，每分钟可达130次以上，以后随年龄的增加逐渐下降，青春期时接近成年人水平：在成年人中，女性心率略高于男性；情绪激动和体温升高时，心率加快：体育活动时，心率会明显增加。心脏每次收缩时，由左心室射入主动脉的血量，称为每搏输出量，正常人安静时的每搏输出量为70毫升。心脏每分钟由左心室射入主动脉的血液量为每分输出量，一般情况下的心输出量常指每分输出量，每分输出量等于每搏输出量与心率的乘积，成人安静时心输出量为3—5升左右。

（2）血管——血液流动管道。由动脉、毛细血管和静脉组成。动脉和静脉是输送血液的管道，毛细血管是血液与组织进行物质交换的场所。动脉自心脏发出，经不断分支，血管口径逐步变小，数目逐渐增多，最后分布到全身各部组织内，成为毛细血管。毛细血管呈网状，血液与组织间的物质交换就在此进行。毛细血管逐渐汇合成为静脉，小静脉汇合成大静脉，最后返回心脏，完成血液循环。

2.淋巴管系统

人体除中枢神经系统、软骨、骨髓、胸腺和牙等处没有淋巴管分布，其余的组织和器官大多有淋巴管分布。淋巴管系统包括：毛细淋巴管、淋巴管、淋巴导管。

淋巴管系统是组织液向血液回流的一个重要的辅助系统。毛细淋巴管以稍膨大的肓端起始于组织间隙，彼此吻合成网，并逐渐汇合成大的淋巴管。全身的淋巴液经淋巴管收集，最后由有淋巴导管和胸导管导入静脉。

（二）体质体能训练对血液循环系统的良好影响

运动实践已证明，经常进行体育活动，可促使人体心血管系统的形态、机能和调节功能产生良好的适应能力，从而提高人体机能。运动训练对心血管的长期影响概括起来有以下几方面：

1. 窦性心动徐缓

经常从事体育锻炼的人，特别是长时间小强度体育活动可使人体安静时的心率减慢，这种现象称为窦性心动徐缓。这是由于控制心脏活动的迷走神经作用加强，而交感神经作用减弱的结果。

2. 心脏增大，心肌发达

体育锻炼加速了全身的血液循环，同时也改善了心肌供血状况，使心肌得到更多的营养物质，心肌纤维逐渐增粗，心壁增厚，使心脏具有更大的收缩力。在 X 线透视下，可以看到经常运动的人心脏体积普遍比一般人的大些，外形圆满，搏动有力。这种现象称为"运动员心脏"。他们这些人心肌发达，收缩力量加强，心容量也增大了。

3. 安静时心跳频率减慢

一般人每分钟心跳频率为 70—80 次，经常从事体育活动的人心跳频率为 50—60 次，优秀中长跑运动员甚至可达 40 次左右。这是由于运动员的心脏每搏一次输出血量增加的结果，因而减少心跳频率，也能满足全身代谢的需要。比如在安静状态下，心脏每分钟输出 4.5L 血液就够全身代谢需要的话，一般人每搏输出量为 60mL，则心脏每分钟需要搏动 75 次。而运动员每搏输出量为 90mL，心脏只要搏动 50 次就可以满足需要。心跳频率的减慢可以得到更多的休息时间。运动员心跳缓慢而有力的现象称为"心搏综缓"现象。

4. 每搏输出量增加

经常参加体育锻炼的人或运动员无论安静和运动状态下，每搏输出量均比一般正常人高。特别是在运动状态下，每搏输出量的增加就更为明显，这种变化使人在体育锻炼时有较大的心输出量，以满足机体代谢的需要。体育锻炼增加每搏输出量的原因是心脏收缩力量增加和心室容积增加，因此，心脏每次收缩射出的血液也较多。

5. 血管弹性增加

体育锻炼可以增加血管壁的弹性，能预防心血管疾病或缓解心血管疾病症状。

6.剧烈运动时心脏机能可提高到较高水平

经常进行体育锻炼，使心肌增强，心脏容易增大，收缩力强，有较大的功能。因此，进行剧烈运动时能迅速发挥心脏机能，达到一般人所不能达到的高水平。

三、体能训练对人体呼吸系统的影响

呼吸系统是人体运动的"气体交换站"，由呼吸道和肺两部分组成。

（一）人体呼吸系统的一般结构与功能

1. 呼吸道的结构与功能

机体各种生命活动及社会活动需要能量供应。能量来自体内物质的氧化，同时组织细胞在代谢过程中要产生代谢终产物二氧化碳。机体与外界环境之间的气体交换过程，称为呼吸。外界环境与血液在肺部进行的气体交换是通过呼吸系统来实现的。

呼吸系统由运送气体的呼吸道和进行气体交换的肺两部分组成。呼吸道又包括鼻、咽、喉、气管和支气管等。有时常称鼻、咽和喉为上呼吸道，因此，当此部位有感染发生炎症时，习惯称上呼吸道感染。气管以下部位为下呼吸道。下呼吸道包括气管、总支气管及各级支气管，直到肺泡。气管是气体的传导部分。呼吸道是气体进入肺组织的通路，呼吸道能分泌黏液、浆液，具有润湿和净化空气的作用。但呼吸道不具备气体交换功能。

2. 肺的结构与功能

肺是进行气体交换的场所，肺位于胸腔，呈圆锥形，右肺较左肺略大。肺的重要功能之一是通过呼吸运动实现肺通气功能。肺的呼吸运动主要是由呼吸肌的收缩完成的，因此，呼吸肌的收缩活动是呼吸运动的动力。

正常成人在安静时进行平稳而均匀的呼吸运动，称为平静呼吸（eupnea）。在平静呼吸时，吸气运动主要通过膈肌和肋间外肌的收缩来完成。膈肌位于胸、腹腔之间，膈顶向上隆起，形似钟罩，构成胸腔的底。膈肌收缩时，隆起的膈顶下降，从而增大了胸廓的上下径。肋间外肌的肌纤维起自上一肋骨近脊椎端的下缘，斜向前下方走行，止于下一肋骨近胸骨端的上缘。由于脊椎的位置是固定的，而胸骨可以上下移动，所以当肋间外肌收缩时，肋骨前段和胸骨上提，肋骨下缘向外侧偏转，从而增大了胸腔的前后径和左右径。由于胸廓上下径、左右径和前后径均增大，胸廓容积扩大，肺随之扩张，使肺内压降低，低于外界大气压时引起吸气。呼气运动则是膈肌与肋间外肌舒张，肺因自身回缩力而回位，并牵引胸廓使之上下径、左右径和前后径均减小，肺内压升高，高于外界大气压，引起呼气。在平静呼吸过程中，吸气运动是主动的，由膈肌和肋间外肌收缩所致，而呼气运动则是被动的，无呼气肌的主动收缩。另外，在用力呼吸时，除肋间外肌、肋间内肌和膈肌收缩外，其他辅助肌如胸锁乳突肌、斜角肌、胸小肌腹壁肌等都有收缩活动而参与呼吸。

在临床上还将呼吸方式分为胸式呼吸和腹式呼吸；如果呼吸运动主要由肋间肌活动引起，胸壁的起落动作较明显，称为胸式呼吸。腹膜炎时，膈的活动减弱，病人往往表现为胸式呼吸。如果呼吸运动主要由于膈肌活动引起，腹壁的起落动作较明显，称为腹式呼吸。胸膜炎时，由于胸痛，往往病人表现为腹式呼吸。医生在做腹部检查时，嘱受检查者做腹式呼吸，目的是触摸肝脏。一般情况，人们都是胸腹混合式呼吸，女性以胸式呼吸为主，男性则相反。

呼吸肌是骨骼肌，无自动节律性。呼吸运动所以能够自动和有节律地进行，是中枢神经系统调节的结果。在延髓有控制呼吸的吸气中枢和呼气中枢。当吸气中枢兴奋时，就引起吸气运动，吸气后肺脏扩大，肺感受器受到刺激，再把信息传到呼气中枢，就引起呼气运动。另外呼吸除了受延髓呼吸中枢直接控制外，也受大脑皮层的控制，我们可以随意吸气和呼气，因此可以讲话和唱歌。

肺所容纳的气体量称为肺容量。肺容量随呼吸深度的不同而变化。可以通过测定肺活量来了解肺通气功能的情况。在用力吸气后，再用力呼气，所能呼出的最大气体量为肺活量。

正常成人的肺活量，男性平均为 3.5L，女性平均为 2.5L。肺活量大小随年龄、性别和健康情况而不同，青壮年比老年人大，男性比女性大，运动员比一般人大。

肺与外界环境间的气体交换，称为肺通气。肺与血液之间进行的气体交换，称为肺换气。肺换气是通过气体分子从分压高处向分压低处转移，即气体扩散方式实现的。气体交换的动力是气体的分压差。分压是指混合气体中各成分所具有的压力，可用气体的总压力乘以各组成气体所占的容积百分比计算。从肺泡扩散入血液的氧气必须通过血液循环运送到各组织，从组织扩散入血液的二氧化碳的也必须由血液循环运送到肺泡。因此，血液流经肺后，变成了含氧量多而含二氧化碳量少的动脉血。肺泡内气体，由于与血液进行了气体交换，变成了含氧少而含二氧化碳量多的肺泡气。

（二）体质体能训练对人体呼吸系统具有良好的影响

1.肺活量增加

肺活量是青少年生长发育和健康水平的重要指标。经常参加体育锻炼，特别是做一些伸展扩胸运动，可使呼吸肌力量增强，胸廓扩大，有利于肺组织的生长发育和肺的扩张，使肺活量增加。另外，体育锻炼时，经常性的深呼吸运动，也可促进肺活量增长。大量实验证实，经常参加体育锻炼的人，肺活量值高于一般人。

2.肺通气量增加

体育锻炼由于加强了呼吸力量，可使呼吸深度增加，有效地增加肺的通气效率，因为在体育锻炼时如果过快地增加呼吸频率，会使气体往返于呼吸道，使真正进入肺内的气体量反而减少。适当地增加呼吸频率，可使运动时的肺通气量大大增加。研究表明，一般人在运动时肺通气量能增加到 60 升 / 分钟左右，有体育锻炼习惯的人在运动时肺通气量可达 100 升／分钟以上。

3. 氧利用能力增加

体育锻炼不仅可以提高肺的通气能力，更重要的是可以提高机体利用氧的能力。一般人在进行体育活动时只能利用其氧最大摄入量的 60％ 左右，而经过体育锻炼后可以使这种能力大大提高。因此，体育活动时，当氧气的需要量增加时，呼吸系统也能满足机体的需要，而不至于使机体过分缺氧。

四、体能训练对神经系统的影响

人体在生长发育过程中神经系统是发育最早最快的器官。新生儿的大脑重量约 350g，以后迅速增长，7—8 岁儿童的大脑重量已经达到 1300g，接近成人 1472g 的水平。大脑随年龄增长不断发育，体积也不断增大，神经突起增多变长，分枝也越来越多，联络纤维大大增加，形成许多新的神经通路，大脑的功能不断完善、精细、复杂。随着年龄继续增长，所学知识技能越多，各类经验越丰富，大脑皮质抑制过程功能越强，分化功能越高，神经系统功能也越完善。

神经系统不仅负责组织和协调骨骼、肌肉和关节的运动，还直接或间接地指挥和调节着人的呼吸、循环、消化、内分泌、排泄等其他器官及系统的活动。通过它的调节作用，人体可以对各种环境的变化做出相适应的反应，人体内部与周围环境之间可以达到协调统一，从而使人的生命活动得以正常进行。更为重要的是，神经系统是产生心理活动的物质基础，而复杂的心理活动使我们成为有深刻的思想、有丰富的感情、有鲜明的个性的社会人。

神经系统是由神经细胞组成的，细胞上的轴突叫作神经纤维。神经系统又可以分为中枢神经系统和周围神经系统两部分。中枢神经系统由脑和脊髓组成，由脑和脊髓发出的神经纤维，构成了周围神经系统。

（一）神经系统的一般结构与功能

神经系统是由神经细胞组成的，细胞上的轴突叫作神经纤维。神经系统可以分为中枢神经系统和周围神经系统两部分。中枢神经系统由脑和脊髓组成，由脑和脊髓发出的神经纤维，构成了周围神经系统。神经系统通过庞大而复杂的"信息网络"来联络和协调机体的各系统和器官的功能。在机体功能调节系统中起着主导作用，直接或间接地使机体的各种功能活动成为整体，以应付内外环境的变化，使得机体得以生存。

（二）体能训练对神经系统具有良好的影响

神经系统是人体的"司令部"，它关系到人体各器官系统的功能调节，对人的体质强弱起着决定作用。体育锻炼能使大脑和神经系统得到锻炼，提高神经工作过程的强度、均衡性、灵活性和神经细胞工作的耐久力，能使神经细胞获得更充足的能量物质和氧气的供应，从而使大脑和神经系统在紧张的工作过程中获得充分的能量物质保证。据研究，当脑细胞工作时，它所需的血液量比肌肉细胞多 10—20 倍，大脑耗氧量占全身耗氧量的 20%—25%。体育锻炼能使大脑的兴奋与抑制过程合理交替，避免神经系统过度紧张，可以消除疲劳，使头脑清醒，思维敏捷。另外，随着神经系统机能的改善，有机体内各器官系统尤其是运动系统的控制和调节能力也可得到不断的提高和完善。因为，体育锻炼往往要求身体完成一些比日常活动更为复杂的动作。所以，中枢神经就必须迅速动员和发挥各器官、系统的机能，使之协调以适应肌肉活动的需要。比如：运动时胃肠的血管收缩，以保证血液重点供应运动器官，使伸肌和屈肌协调地配合，更好完成动作。

五、体能训练的能量供应

人体运动需要的能量是从哪里来的？又是怎样供应给肌肉运动的？

（一）物质代谢

水、蛋白质、糖、脂肪、无机盐和维生素六大营养物质，是人生命活动的物质基础。人体活动的能量，是人吃的食物在人体内经一系列化学变化，进行物质代谢而得到的。人参加体育运动时，由于肌肉长时间的收缩和舒张，脏器活动的增强，能量消耗会大大增加。所以体育运动可以促进人体的新陈代谢过程和提高机能活动水平，是增强体质的一种积极手段。

糖是生命活动中能量的主要供应者。糖在体内除供应能外，还可以转变成蛋白质和脂肪。人进行体育运动，体内能量消耗大，肝脏储存的糖原便转变成葡萄糖进入血液，由血液输送到肌肉中供运动的需要。经常参加体育运动，体内糖储备量增加，调节糖代谢能力加强，能使血糖在较长时间内保持稳定，能提高耐力。

脂肪是人体细胞的组成部分，它包括甘油酯、磷脂和胆固醇三大类，是一种含能量最多的物质。脂肪除了能由食物中获得外，还可以在体内由糖或蛋白质转变而成，脂肪除了作为主要的氧化供能外，还可以构建细胞组成成分，促进脂溶性维生素的吸收和利用，并起到保护器官，减少摩擦和保持体温的作用。脂肪过多对人体是有害的。经常参加体育运动，不但可以防止肥胖，还可以预防因人体脂肪过多而造成的疾病。

蛋白质是生命的基础蛋白质主要是由氨基酸构成的，氨基酸主要用于建造、修补和重新合成细胞成分以实现自我更新，也用于合成酶、激素等生物活性物质，调节机体生理供能，还可以氧化供能，以备机体不时之需。肌肉收缩，神经系统的活动，血液中氧的携带和参与各种生理机能调节的许多激素，都与蛋白质有关。人体内有一类能加速各种化学反应进行的酶，其化学本质也是蛋白质。参加体育锻炼，能提高酶的活性，有利于增加人运动时身体内的能量供应和运动后消耗物资的补充。

水在人体的组成中含量最高，成人体内含水量约占体重的 55%，水不但可维持人体体温，参加体内的水解，促进物质的电离，还在体内有润滑作用。水还是运输营养物质及代谢废物的工具，锻炼者要注意，在运动中和运动后补充水，可以保持机体内水代谢的平衡。

无机盐也是人体细胞的组成部分。它在维持体液的渗透压、血液的酸碱度、神经及肌肉的应激性方面起着重要的作用。人体在运动中要注意无机盐的补充。

维生素是维持人体生命和正常机能不可缺少的一种营养素。它起着调节物质代谢，保证生理功能的作用。有的维生素直接影响人体的运动能力。掌握人体摄取维生素的量十分重要，如供应量不足，人体的正常代谢和生理机能受到影响；如摄入量过多，是无益的，有的可引起体内代谢的混乱。

（二）能量代谢

食物中的能量不能直接用于细胞活动，只能在细胞中发生化学反应时释放出来，以高能化合物三磷酸腺苷（ATP）的形式储存，ATP 是一种储存能量并可以直接供给细胞能量的高能化合物。

安静时，身体所需要的能量几乎一半来源于糖类的分解，一半来源于脂肪，蛋白质用于构成身体的基本成分，也可以为细胞提高少量能量。肌肉收缩强度由低到高时，糖利用比例越来越大，脂肪供能比例越来越小；在短时间高强度运动中，ATP 几乎全部由糖分解合成。

事实上，ATP 一被分解，就立即从其他产物再合成。因为当肌肉中存在二磷酸腺苷时，肌肉中的另一种高能磷化合物磷酸肌酸立即分解为磷酸和肌酸，放出能量供给二磷酸腺苷再合成为三磷酸腺苷，但肌肉中磷酸肌酸的含量也是有限的，也必须不断再合成。各磷酸肌酸再合成所需要的能量，来自糖的氧化分解。根据当时机体氧供应的情况，糖的氧化分解有两种形式：

当氧供应充足时，来自糖（或脂肪）的有氧氧化；当氧供应不足时，即来自糖的无氧酵解，结果形成乳酸。乳酸最后在氧供应充足时，一部分又继续氧化，放出能量使其余部分再合成为肝糖原。所以，肌肉收缩能量的最终来源是糖、脂肪的有氧氧化。

运动时，人体以何种方式供能，取决于需氧量与吸氧量的相互关系。当吸氧量能满足需氧量时，机体即以有氧氧化供能。当吸氧量不能满足需氧量时，其不足部分即依靠无氧酵解供能。运动时的需氧量主要取决于运动强度，强度越大，需氧量越大，无氧酵解供能的比例也越大。

有氧氧化与无氧酵解是人体在不同活动水平上根据需氧的不同情况而进行的紧密相连、不可分割的两种供能方式。人在进行任何一种项目的体育运动时，其能量供应总是包含有氧与无氧这两种方式，只不过这两种比例不同而已。这种比例上的差别既是不同运动项目的供能特征，也是采用不同锻炼方法的依据之一。

（三）运动量是决定锻炼效果的重要因素

在运动过程中，能量物质存在消耗、恢复和超量恢复的变化特点。研究结果证实，三磷酸腺苷、磷酸肌酸糖原、蛋白质、脂类都存在这种变化规律。人进行体育锻炼，如果运动强度和运动量过小，达不到锻炼效果；如果运动强度和运动量过大，反而导致恢复过程延缓，引起机能下降。从人体的生化特点分析，运动量的掌握还必须考虑人的年龄特征。人进行体育运动时营养物质的补充，还要考虑运动项目的特点。力量性运动项目，如举重、摔跤、拳击、投掷等，需要提高蛋白质的比例。耐力性运动项目，如中长跑、自行车、登山等，需要提高糖的比例。游泳项目可适当提高脂肪的比例。

大学生处于青春后期，其总的特点是：神经系统基本发育成熟；呼吸和心肺功能接近成人；骨骼和肌肉仍有发展潜力，但目前大学生的健康水平和体质情况令人担忧。体育是大学生生活中必不可少的内容，可以丰富我们的校园生活，是我们保持旺盛的精力投入到学习中的积极性休息手段，是争取终身健康的基础，是调节心理和松弛神经的良好手段。

第二节　体能训练的心理基础

一、心理健康的含义

1946 年第三届国际心理卫生大会下的定义是："所谓心理健康，是指在身体、智能以及情感上与他人的心理健康不相矛盾的范围内，将个人心境发展成最佳的状态。"具体来说，至少包含两层含义：其一是无心理疾病；其二是有一种积极发展的心理状态。"无心理疾病"是心理健康的最基本条件，心理疾病包括所有各种心理及行为异常的情形。但"正常"与"异常"之间并无明显的界限，正常与异常行为之间的差别多只是在量的方面的差别。具有"积极发展的心理状态"则是从积极的、预防的角度对人们提出要求，目的是要保护和促进心理健康，消除一切不健康的心理倾向，使心理处于最佳的发展状态。该次大会还具体指明心理健康的标志是："身体、智力、情绪十分调和；适应环境，在人际关系中能彼此谦让；有幸福感；在工作和职业中能充分发挥自己的能力，过有效率的生活。"

二、心理健康与身体健康的关系

身体健康和心理健康是完整健康概念的组成部分。身体健康即人体各器官系统发育良好，功能正常，体质健壮，精力充沛，并具有良好的劳动效能的状态。心理健康则是从广义和狭义两方面解释，前者是指一种高效而满意的、持续的心理状态；后者是指生活在一定的社会环境中的个体，在高级神经功能正常的情况下，智力正常，情绪稳定，行为适度，具有协调关系和适应环境的能力及性格。如果心理素质不能适应所处的环境，不但会给人的生活、工作和精神造成不良的影响，而且会危及人的身体健康。医学研究证明，心脏病、高血压、消化系统溃疡、免疫系统功能低下等疾病，与患病者的不良个性以及长期处于严重精神压力之下所导致的焦虑、紧张和恐惧等心理状态有密切联系，可以说，它们是一类心因性疾病。现代医学不再单纯把人看作一个生物定义上的人，而同时也把人看作心理和社会意义上的人，健康的概念不仅仅包括身体健康，也包括心理健康。心理健康与身体健康是密切相关、互为影响的。

身体健康有助于心理健康。近几十年来生物学研究证实了生理机能对心理健康的影响，如甲状腺的主要功能是控制人体的新陈代谢，甲状腺素分泌过多，使人体的新陈代谢速度加快、个体便会产生紧张反应，表现为肢体颤动、情绪紧张、注意力难以集中、焦虑不安和失眠等。

心理健康也同样影响着身体健康。古人云："怒伤肝，喜伤心，忧伤肺，恐伤肾，思伤脾。"如抑郁会增加肾上腺素和肾上腺皮质激素的分泌量，还会降低免疫系统的功能，从而使个体更容易患病。

大学生正处于生理、心理诸方面从未定型到定型，从未成熟到成熟的急剧变化时期，这一时期是一个人的心理发展的重要阶段，同时也是个性形成的关键时期。由于生理发展趋于成熟而心理发展的滞后，使大学生面对外界的各种压力缺乏有效的调节和控制，常常产生矛盾和冲突，导致心理发展失调和不平衡，严重的则导致心理障碍和心理疾病的产生。因此，正确认识当代大学生的心理健康问题，探讨预防措施，具有非常重要的意义。

三、心理健康标准

（一）心理健康的标准含义

由于心理疾病的原因比较复杂，而且难以确定，因此，给心理疾病的诊断带来一定的困难，心理健康的标准也没有统一的模式。可以说，迄今为止关于心理健康还没有一个统一的概念。一般有四个标准，一是经验标准，即当事人按照自己的主观感受来判断自己的健康，研究者凭借自己的经验对当事人的心理健康进行判定；二是社会适应标准，以社会中大多数人的常态为参照标准，观察当事人是否适应常态而进行心理是否健康的判断；三是统计学标准，依据对大量正常心理特征的测量取得一个常模，把当事人的心理与常模进行比较；四是自身行为标准，每个人以往生活中形成的稳定的行为模式，即正常标准。这个标准制定得比较概括简练，因此，得到越来越广泛的认同和应用。一个心理健康的人必须具备两个基本条件：一是能与外界环境协调一致；二是保持认知、情感、意识、行为等心理活动的协调统一，并具有相对稳定性。大学生是经过考核选拔出的优秀青年，经过适当的努力，都可以使心理健康完善和健全起来。在日常生活中，我们不妨用一些心理健康的参考标准来对照和衡量自己，进行自我评价，不断提高自己的心理健康水平。

（二）大学生心理健康的标准

（1）情绪积极稳定。心理健康的人，愉快、乐观、开朗、满意等情绪状态总是占优势的，虽然也免不了因挫折和不幸产生悲、忧、愁、怒等消极情绪体验，但不会长期处于消极情绪状态中，对生活充满希望；情绪较稳定，善于控制与调节自己的情绪，既能克制又能合理宣泄自己的情绪，情绪的表达既符合社会的要求又符合自身的需要，在不同的时间和场合有恰如其分的情绪表达；情绪反应与环境相适应。反应的强度与引起这种反应的情境相符合。

（2）意志品质健全。意志是人们在完成有目的的活动时做出的选择、决定与执行的心理过程。健全的意志品质表现为意志的目的性、果断性、坚韧性、自制性；在学习、训练等任务中不畏困难和挫折，知难而上，持之以恒；需要做出决定时，能毫不犹豫、当机立断；还能够为了达到目的而控制一时的感情冲动，约束自己的言行。

（3）人格结构完整。人格是个体比较稳定的心理特征的总和。人格完善就是指构成人格的气质、能力、性格、理想、信念、人生观等各方面平衡发展。心理健康的学生所思、所想、所说、所做都是协调一致的，他们以积极进取的人生观作为人格的核心，把自己的需要、目标和行动统一起来。

（4）自我评价正确：正确的自我评价，是大学生心理健康的重要条件。一个心理健康的人，能体验到自己的价值，既能了解自己，也能接受自己。有自知之明，对自己的能力、性格和优缺点都能做出恰当客观的评价。不会高估自己，不会对自己具有的一些长处和优势沾沾自喜，从而提出不切实际的生活目标和理想；同时，也不会贬低自己，为自己在某些方面存在的不足而自责、自怨、自卑。心理健康的人能接受自己，对别人的评价能做出合理的反应，自我认识稳定，并保持积极的生活态度，努力发展自己的潜能。反之，一个心理不健康的人，不能恰当地认同自己，总存在强烈的心理矛盾冲突，对自己总是不满，缺乏积极的自我态度。总是要求十全十美，然而总是无法达到，因此无法保持平衡的心理状态。

（5）对现实环境的良好适应：良好的适应能力是心理健康的重要特征。心理健康的人能够面对现实，接受现实，并能主动地适应现实，进一步地改造现实。对周围的事物和环境能够做出客观的认识和评价，并能与现实环境保持良好的接触，既有高于现实的理想，又不会沉湎于不切实际的幻想和奢望中。面对不利的现实环境，既不怨天尤人，也不采取逃避的方式，而是敢于面对现实的挑战。

（6）人际关系和谐。良好而深厚的人际关系，是事业成功与生活幸福的前提。人际关系状况最能体现人的心理健康状况，心理健康的学生能与他人建立和谐的人际关系；乐意与人交往，与人为善，对他人充满理解、同情、尊重、关心和帮助，有良好而稳定的人际关系，并能在其中分享快乐，分担痛苦，他们的社会支持系统强而有力。

（7）热爱生活，乐于学习和工作：心理健康的人能珍惜和热爱生活，积极投身于生活，并在生活中享受人生的乐趣，有积极的人生体验。心理健康的人不在乎生活事件的渺小，总能从中体验到生命的意义，不管是一次朋友聚会，还是独自漫步街头。在工作和学习中，尽可能发挥自己的聪明才智，并从学习和工作的成果中获得满足和激励，把学习和工作看成是乐趣，而不是负担。

（8）心理行为符合年龄特征：心理健康的人的认知、情感、言行举止均应符合其所处年龄段的要求。心理健康的学生表现为精力充沛、勤学好问、反应敏捷、喜欢探索，而过于老成、过于幼稚、过于依赖都是其心理不健康的表现。

（三）大学生心理健康标准的理解及运用

大学生心理健康的标准只是为评价大学生的心理健康状况提供了一个参考尺度，在具体运用时应持辩证的态度，不能简单地、机械地照搬照套，而应灵活地加以掌握和应用，并应注意以下几个问题：

（1）心理是否健康和不健康的心理和行为表现是不能等同的。心理不健康，是指一种持续的不良状态，一个人偶然出现一些不健康的心理和行为，并不等于其心理不健康，更不等于他患有心理疾病。因此，不能仅仅以一时一事就简单地给自己或他人下一个心理不健康的结论。事实上，大学生心理健康与不健康并无明显界限，而是一个连续化的过程，如将正常比作白色，将不正常比作黑色，那么在白色与黑色之间存在着一个巨大的缓冲区域——灰色区，世间大多数人都散落在这一区域内。这说明，对多数大学生而言，在人生的发展过程中面临心理问题是正常的，不必大惊小怪，应积极加以矫正。与此同时，个体灰色区域也是存在的，大学生应增强自我保健意识，及时进行自我调整。人的健康状态的活动是一个发展的问题，当一个人产生了某种心理障碍并不意味着永远保持或行将加重。在心理上形成心理冲突是非常正常的，而且是可以自行解决的。

（2）把握心理健康的标准，应以心理活动为本考察其内外关系的整体协调性。从心理过程看，健康的人的心理活动是一个完整统一的协调体，这种整体协调保证了个体在反映客观世界的过程中的高度准确性和有效性。事实表明，认识是健康心理结构的起点，意志行为是人格面貌的归宿，情感是认识与意志之间的中介因素。从心理结构的几个方面看，一旦它们不能符合规律地进行协调运作时，就可能产生一系列的心理困扰或问题。从个性角度看，每个人都有自己长期形成的稳定的个性心理，一个人的个性在没有明显的剧烈的外部因素影响下是不会轻易发生变化的。从个体与群体的关系看，每个人在其现实性上可划分成不同的群体，不同群体间的心理健康标准是有差异的。

（3）心理健康的标准是一种理想尺度，它一方面为人们提供了衡量心理是否健康的标准，另一方面为人们指出了提高心理健康水平的努力方向。如果每个人在自己现有基础上能够做不同程度的努力，都可追求自身心理发展的更高层次，从而不断发挥自身的潜能。在多数情况下，运用心理健康标准或各种自测评定表时，我们都会发现自己与理想标准存在一定差距，只要这种差别在一定限度内都属正常，超过一定范围才提示有心理问题。大学生心理健康的基本标准，是他们能够进行有效的学习和生活。如果正常的学习和生活都难以维持，就应该及时予以调整。

四、体能训练对大学生心理健康的影响

体育锻炼有助于身体健康，这是众所周知的事实，因此，当有些人在自己体弱多病，身体状况不佳时，除了施用药物治疗外，也会考虑通过体育锻炼来增强体质，使自己的身体能尽快康复。然而当某人在学习、工作或生活中遭受挫折而情绪低落，或出现明显的心理健康障碍时，却很少会想到通过体育锻炼来改善情绪，消除心理障碍。实际上，体育锻炼既是身体活动，又是心理活动和社会活动，因此，体育锻炼不仅有利于身体健康，而且对于人的心理健康和社会适应具有积极的促进作用，从而提高人的生活满足感和生活质量。

体育锻炼对心理健康的积极影响主要表现在以下几个方面。

（一）能促使情绪的稳定

情绪是客观事物是否符合人的需要与愿望而产生的态度体验，它是衡量心理健康的主要指标。情绪与人的健康、疾病有着极为密切的关系，所谓"怒伤肝""喜伤心""思伤脾""忧伤肾"。人生活在错综复杂的社会中，面对各种压力经常会产生忧愁、紧张、压抑等情绪反应。

体育活动具有特殊的功能，使参与者自觉不自觉地参与其中。借助体育活动，可以促进人与人之间的沟通，产生亲近、依赖、了解、友好和相互间谦让谅解的心理感受。体育活动把个人与集体融为一体，不仅缩短了同学之间的距离，体验到集体的温暖，而且在心理上产生一种归属感和安全感。

体育活动缩短了对环境的适应期。大学生第一次远离家门，来到一个新的环境，面临的一个主要问题是：陌生的人际关系和陌生的环境两大心理问题。这些会让他们很容易产生孤独、失落和焦虑感。体育活动无需更多的语言交流就能在最短的时间内加深同学之间的了解，迅速改善陌生的人际关系，而对环境的适应，主要取决于对人际关系的改善。当人际关系在体育活动中得到迅速的改善时，环境适应问题也随之改善。

（二）对形成积极的自我概念有促进作用

所谓自我概念，是指个体对自己各种身心状况以及自己的周围关系的一种认识，也是人认识自己和对待自己的统一，是主体对自身的意识。其中包括对自己机体状态和肢体活动能力的认识，对思维、情感、意志等心理活动的意识以及自我概念、自我评价、自我体验、自尊心、自豪感、自我监督、自我调节、自我控制等。自我意识的成熟，往往标志着人格的基本形成。体育锻炼可使体格强健、精力充沛，因而，体育锻炼对于改善人的身体表象

和身体自尊很重要。身体表象是指头脑中形成的身体图像。身体表象障碍在正常人群中普遍存在，有关资料显示，54%的大学生对他们的体重不甚满意。身体肥胖的个体更可能有身体表象和身体自尊方面的障碍。身体自尊主要包括一个人对自己运动能力的评价，对自己身体外貌的评价，以及对自己身体的抵抗力和健康状况的评价。身体表象和身体自尊与整体自我概念有关，无论男性还是女性，对身体表象的不满意都会使个体自尊变低（自尊指自我概念的积极程度），并产生不安全感和抑郁症状。有研究表明，肌肉力量与身体自尊，情绪稳定性，外向性格和自信心相关，并且加强力量训练会使个体的自我概念显著增强。

（三）强化人的意志

意志是自觉地确定目标，并为实现目标而支配调节自己的行为、克服各种困难的心理过程。体育活动具有气候变化、动作难度和意外障碍等客观特点，以及机体在力量与耐力等项目训练时承受的疼痛等主观因素，另外，体育活动还充满着失败和挫折。因此，体育活动常常与意志联系在一起。在体育活动中，个人意志努力的积极程度愈高，也就愈能培养坚韧、顽强等良好的意志品质。

（四）有助于形成注意的稳定性

人在体育活动中，可以达到心无杂念的境地，当运动中枢产生兴奋时，而其他区域则处于抑制状态。一方面使自己得到充分休息，保持身心健康、精神愉快、精力充沛，做到劳逸结合，防止因学习产生过度疲劳而导致注意障碍；另一方面也使大脑得到锻炼，在增强对注意障碍"免疫力"的同时，使过剩的精力得以宣泄，从而保持体内能量的平衡，形成注意的稳定性。

（五）治疗心理疾病

人们往往一提到心理疾病，总认为是精神病。其实有些轻微的心理不适现象或心理障碍都难免导致一些不同程度的心理疾病。如一个人因焦急而头痛，因生气而失眠，因过度忧郁而肠胃功能紊乱。这些都是一些心理性的生理疾患，也可称为心理疾病，治愈的方法首先是从心理治疗开始。据世界卫生组织最新统计，全球目前至少有5亿人存在各种精神和心理问题，占全世界总人口的10%，其中2亿人患有抑郁症。抑郁症是当前最常见的心理疾病。美国的一项调查显示，1750名心理医生中，80%的人认为体育锻炼是治疗抑郁症的有效手段之一。这是因为心理疾病患者，常常是因一些不良情绪的积累，形成了暂时心理障碍。参加体育活动，可以使患者注意力转移，把一些淤积的情绪通过另一种方式和另一种情绪宣泄出来，使紧张情绪得到放松，使某些消极的情绪暂时遗忘并开始淡化，用运动中强度、速度、方向的变化以及和谐韵律、鲜明的节奏、默契的配合去干扰和破坏患者的不良情绪，使其心情变得愉悦起来。此外，体育运动中产生的自我效能和控制感等心理机制都十分有利于对人心理疾病治疗的效应。

要想使体育锻炼达到治疗心理疾病的目的，活动时不可急于求成，要科学地安排锻炼内容，持之以恒才能达到治疗的目的。

第三节　体能训练与社会适应

一、社会适应的定义与标准

适应本是指植物与动物对外界环境的适应并生存下来的过程。人是社会的人，具有社会性。因此不仅要适应周边的自然环境，如气温、湿度、气压、食物、空气质量等，还要适应社会环境，如与家庭、集体、社区、政治、经济、文化等。

社会适应是指个人或群体调整自己的行为使其适应所处社会环境的过程。它有别于生物自我调整以适应自然环境过程的生物性适应。人对社会环境的适应有接受、忍耐、顺应、支配、保守、反抗、逃避等形式。由于社会的不断变革和人的经常流动，社会适应就成为人与社会之间经常出现的问题。比如当前我国处在社会转型时期，很多新的观念、新的事物在不断涌现，人们必须适应这些社会变化。当人们很快适应社会的时候，就能融入社会，与社会成员一起心情舒畅地共同学习、生活和工作，而当人对社会不适应的时候可能产生反感、抵触、焦虑、压力、紧张等不良反应，并由此产生各种健康问题，因此，培养大学生良好的社会适应能力势在必行。

社会适应能力有主观的评价方法，综合国内外的研究成果，可以主要从以下几个方面对个人的社会适应能力做出评价：（1）接受与他人的差异；（2）能与同性或异性交朋友；（3）主动与人交往，有稳定而广泛的人际关系；（4）与家庭成员和睦相处；（5）当自己的意见与多人意见不同时能保留意见，继续工作；（6）有1—2个亲密朋友；（7）共同工作时，能容纳他人，能接受他人的思想和建议；（8）交往中客观评价他人，能自我批评，取人之长，补己之短。社会适应能力低的人与别人交往时，总是牢骚满腹，别人总是欠他的，没有耐心听取他人劝告或建议，拒绝从他人立场考虑问题，也有些人对人际关系表现出恐惧，害怕与他人接触，使自己形成孤僻的性格，不被社会接受。

二、良好社会适应能力的具体表现

第一，群体环境中的身体练习能促进学生自我观念的形成。在体育活动中，尤其是在体育教学中，各种身体练习大多是在群体环境中进行的，每个人练习之后都可能受到来自教师和同伴的评价，如鼓励、赞许、惊讶、批评等。社会学家认为，个人在群体中表现出的自我形象与其他成员对他进行的评价有关，每个人都是通过他人对自己的反应来形成自我观念的。教师在学生练习完成之后的评价更是对学生自我观念的形成有着举足轻重的作用，鼓励和赞许有可能使学生的自尊、自信得以强化和确立，而挖苦和嘲笑则可以使学生的自卑心理得到加重。可以认为，体育活动中群体环境下的身体练习能促进学生自我观念的形成。

第二，体育教学组织形式为学生提供人际交往的时空。高校体育教学组织形式打破原有的系别、班级建制、重新组合上课，在这样一个不同专业组合在一起的集体当中进行学习，人与人之间的接触程度是日常生活和其他学科教学不具备的，学生随时会和一些熟悉的或不熟悉的同学结为组合，进行对抗的或合作的练习，在这些练习中，学生扩展了自己的交往范围，学会了互相协作与帮助，体验了被助与助人的快乐。体育活动所提供的人际交往的时间与空间，有助于学生学会正常的人际交往，协调人际关系，学会与他人和睦友好的相处。帮助与保护的实践过程也有助于社会责任感的形成。

第三，体育游戏提供了学习和体验社会角色的重要场景。在个体社会化的进程中，游戏的作用是不可低估的。社会学家认为，儿童在游戏中模拟父母的角色时，就是在为将来所要承担的父母角色进行预期社会化。人们往往不是在获得了某种社会角色之后才学习如何扮演这种角色，而是在这之前就已经有所体验。儿童在游戏中扮演各种角色，他就体验了各种角色的责任、义务、技能、心理等。儿童在游戏中必须遵守规则，必须与他人协作配合，必须做他不想做的事或不能做他想做的事。因此，儿童必须调整自己的行为和认识去适应游戏规则，顺应游戏环境。这一过程对于体验社会角色，促进个体社会化，提高社会适应能力的作用是毋庸置疑的。

第四，体育竞赛有助于培养学生抗挫折能力的竞争精神。心理学家把需要不能实现时的心理冲突称为挫折。人在社会生活中要经受各种挫折，耐受挫折的过程也是一个心理调适的过程，抗挫折能力是社会适应能力的重要方面。近年来有人曾提出对青年人进行"抗挫折教育"，即人为地创设挫折环境以求提高学生的抗挫折能力。体育竞赛的特点必然决定了学生在竞赛中或多或少，或早或晚会经历失败的打击，这种失败所引发的挫折体验，对学生是一种心理的磨炼，承受挫折的过程是一种心理调适过程，这种调适过程就是一个提高社会适应能力的过程。体育竞赛对培养竞争与合作精神的作用更是显而易见的，学生在团体的对抗活动中必须相互协作、相互配合，才能团结一致，战胜对手。团队精神和公平竞争的良好品德在体育竞赛活动中可以得到有效的培养与提高。

第五，体育的"规则效应"可使学生在潜移默化中学会顺应与服从。体育中各种集体活动、游戏和竞赛都有其特定的规则与要求，任何人在从事体育活动时都会遵守竞赛规则，甚至在没有裁判的情况下，他们也会自觉地用规则来约束自己。我们常可在运动场上看到学生们自己有条不紊地进行着比赛，犯规者会自动把控球权交给对方，约束他们的是那种无形的力量——规则。这种特殊的"规则效应"，使学生在活动中逐渐学会服从法纪，尊重裁判，学会约束自我，公平竞争，懂得必须克制越轨行为，服从体育道德规范，必须在规则的约束下与他人竞争或协同。所有这些，对于培养学生自制能力，养成遵纪守法、顺应社会道德规范的好习惯有着独特的作用。由此可见，体育锻炼不仅能促进人的社会交往活动，而且体育锻炼的社会交往特性又会吸引人参与和坚持体育锻炼。

第四节 体能训练与营养

生命的存在，机体的生长发育，各种生命活动及体育活动的进行，都依赖于体内的物质代谢过程，从而机体必须不断地从外界摄取新的构成细胞的物质、能源和其他活性物质，而且主要是从食物中摄取。这一获得与利用食物的过程，称为营养。营养是保证机体生命存在和延续的重要条件。

一、正确的饮食态度

一个人在饮食方面随心所欲，不加顾忌与过分节食都不是正确的态度。健康的机体离不开食物和营养的维持。不加节制地饮食，会使机体内积存过多的脂肪，以致增加身体各器官的负担而引发疾病。相反，营养不足，也会使机体各方面感到不适，产生头痛、失眠、消瘦、贫血，容易出现疲劳、视力减退、记忆力差等现象，还容易感染肝炎、结核、流感等传染病。因此懂得一些营养学方面的知识以及人体的基本营养结构，可以帮助我们科学地安排日常饮食，从而保持适合自己具体情况的最佳摄取量。

二、营养膳食的合理性

人体的生长发育离不开营养，而科学合理的营养则是增强机体质量、完善生理机能，提高健康水平的主要物质基础，也是提高工作效率的先决条件之一。营养膳食合理性原则就是要求膳食中含有机体所需的一切营养素，而且含量适当，种类互补，全面满足身体的一般需求和特殊需求，此外，营养的合理性还要求食物易消化吸收，不含对机体有害成分。因此，要强调营养膳食的合理性，应注意下面三个问题：（1）要做到食物营养成分的互补；（2）要进行不同年龄阶段营养成分的选择；（3）要做好特殊体能消耗的补充。

三、体能训练与合理营养

（一）营养对体能训练的影响

营养与体能训练关系密切，对锻炼效果有着很大的影响。体育锻炼造成的能量消耗，要在运动结束后通过合理的营养膳食得到补充。如果缺乏合理营养保证，消耗得不到补充，机体处于一种"亏损"状态，久而久之，严重影响机体健康，会使锻炼者生理机能及运动能力下降，出现乏力疲劳甚至疾病状态。在这种情况下，想要提高锻炼效果或运动成绩是很困难的事情。合理营养与体能训练是维持和促进健康的两个重要条件。以科学合理的营养为物质基础，以体育锻炼为手段，用锻炼的消耗过程换取锻炼后的超量恢复过程，使机体积聚更多的能源物质，提高了各器官系统的机能。此时获得的健康，较之单纯以营养物获取的健康上升了一个高度，因为合理营养加体育锻炼在获得健康的同时，也获得了良好的身体。

（二）不同锻炼项目对合理营养的需求

在体育锻炼活动中，因各个项目代谢特点不同而对合理营养有着不同的需求特点。

1. 跑步的营养特点

短跑是体育竞赛活动经常设立的一个项目。它是以力量素质为基础，以无氧代谢供能为特点的运动，工作时间短，强度大，要求有较好的爆发力。在膳食中要有丰富的动物性蛋白质，以增大肌肉体积，提高肌肉质量，蛋白质的摄入量每日每公斤体重可达 3.0 克左右。另外，要求在膳食中增加磷和糖的含量，为脑组织提供营养。改善神经控制和增强神经传递，动员更多的运动单位参加收缩。还要求在膳食中增加矿特质如钙、镁、铁及维生素 B_1 的含量，以改善骨肉收缩质量。

长跑强度较小但时间较长，体力消耗较大，要求膳食中有比较全面的营养成分，以增加肌体能源物质的贮备。在维生素、矿物质成分中，提高铁、钙、磷、钠、维生素 C、维生素 B_1、维生素 E 的含量，有利于提高机体的有氧耐力。

2. 体操类项目的营养特点

高蛋白质、高热量、低脂肪，在维生素、矿物质方面应该提高铁、钙、磷的含量及维生素 B_1、维生素 C 的含量。需引起注意的是，参加该类项目有时因比赛需要而要求控制体重，但不能过分控制饮食，以免造成营养不良，特别是注意不能由此而影响了参加此类项目锻炼的儿童、少年的成长发育。

3. 球类项目的营养特点

球类项目对力量、速度、耐力、灵敏、柔韧等素质有较高的要求。食物中要含丰富的蛋白质、糖以及维生素 B_1、维生素 C、维生素 E、维生素 A。一般情况下，球的体积越小，饮食中对维生素 A 的含量要求应更高些。在室外活动的球类运动中，因为矿物质、水分丢失过多，应注意对矿物质和水分的及时补充。

4. 冰雪项目的营养特点

由于长时间在冰雪上活动，加之周围环境温度较低，肌体产热过程随之增强以维持体温。所以，冰雪项目中蛋白质和脂肪消耗较多，膳食中必须给予相应保证。另外，还需增加糖类以提供能源，维生素的补充以 B 族为主，同时增加维生素 A 的摄入，这样可以很好地保护眼睛，适应冰雪场地的白色环境。

5. 游泳项目的营养特点

游泳项目是在水中进行，肌体散热较多、较快，冬季更是如此。游泳锻炼要求一定的力量与耐力素质，膳食结构中应保证有富含蛋白质、糖和适量脂肪的食物。老年人在水温较低时出于抗寒冷需要，需增加脂肪摄入。维生素的摄入应以维生素 B_1、维生素 C、维生素 E 为主。矿物质要增加碘摄入量，以适应低温环境甲状腺素分泌增多的需要。

6. 棋牌类对营养的需求特点

棋牌类是以脑力活动为主的项目，脑细胞的能源特质完全依赖血糖提供。当血糖降低时，脑耗氧量下降，工作能力下降，随之产生一系列不适症状，所以棋牌类项目对糖类有着特殊的需求，可在下棋、打牌时随时补充。此外，膳食中增加蛋白质和维生素 B_1、维生素 C、维生素 E、维生素 A 的供给，提高卵磷脂、钙磷铁的含量。膳食中应减少脂肪摄入，以降低机体耗氧，保证脑组织的氧供应。

（三）不同气候条件下锻炼的营养特点

1. 冬季锻炼的营养特点

冬季气温比体温低，寒冷的环境使肌体代谢加快，散热量增加，所以膳食中应增加蛋白质及脂肪含量。同时，还可适当增加热能含量高的食物和维生素 A、维生素 B_1、维生素 B、维生素 C、维生素 E 的摄入。因冬季穿戴衣装较多，户外活动少，接受日光直接照射的机会和时间较少，还应在膳食中补充维生素 D 和钙、磷、铁、碘等矿物质的含量。

2. 夏季锻炼的营养特点

夏季气候炎热，此时锻炼应多在通风、树荫处进行。此时体内物质代谢变化很大，大量出汗使能耗增加，并使钙、钠、钾及维生素大量消耗和丢失。所以，夏季锻炼的膳食有其特殊要求，及时合理地补充水、电解质及维生素比补充蛋白质、糖、脂肪更加重要。这时，增加散热、防止中暑是非常有必要的。在常温下，电解质中氯化钠的摄入每人每天需10—15g，夏季高温再增加 10g 左右。补充维生素包括 B_1、B_2、C、B_6、胆碱和叶酸等。蛋白质的补充较平常增多，减少脂肪成分，膳食搭配应清淡可口，以增加食欲，并多吃一些蔬菜与水果，以增加矿物质、维生素的摄入。

第三章 现代体能训练的内容与原则

第一节 体能训练的内容

体育锻炼的内容不同，对人体产生的影响也不尽相同。不同的内容具有不同的作用，有的可以促进身体正常发育，形成良好的体型；有的可以提高身体素质，增进健康；有的可以强身自卫，调节精神；有的可以防病、治病，消除生理功能障碍。每个锻炼者都应从实际出发，根据自己的年龄、性别、身体条件、兴趣爱好、专业需要和时间、场地、器材等情况，选择一项或几项坚持锻炼，不仅对在校学习期间的身体有好处，而且对将来走向社会终身锻炼也大有裨益。

一、体能训练的内容

长期参与体育锻炼对促进人的健康很有帮助，以自觉积极的态度去促进自己的生理和心理健康发展，是每个人都无法逃避的问题。一个人的身体健康状况并不是一成不变的，经过一定的积累必然由量变产生质变。一个人的体质健康状况虽然受到身体锻炼、生活环境、营养条件、遗传变异、生活规律等多种客观因素影响，但其中最有效的因素，还是科学合理地参加体育锻炼。

（1）学校为学生体育锻炼提供了良好环境。目前，种种不利的客观因素造成了体育锻炼在中小学开展遇到困难。而体育锻炼在大学的开展情况则有所不同，体育锻炼的开展条件也要好很多，全天都在校内生活，时间的可支配性和自由性更强，每人根据自己的具体状况和实际情况的不同，可以独立安排锻炼的内容，比较容易实现个人体育锻炼项目内容的兴趣爱好方面的要求，使自己的才能等到充分的发挥。

（2）科学性、持久性和自觉性在体育锻炼中的重要作用。注重体育锻炼的科学性、持久性和自觉，培养学生的体育参与意识、体育消费意识、体育欣赏意识，形成自主体育锻炼的习惯，树立终身体育思想。体育锻炼的科学性，就是依据人体生理和心理发展的变化规律、体育技术掌握的规律和不同个体的特征，合理地组织安排体育锻炼的内容，既要考虑兴趣爱好又要顾及身体素质的全面发展，既要注意选用多样化的手段，又要不断强化有实效性的内容，严谨而艺术地组合运动量、密度、强度，使锻炼沿着健康的方向发展，不致出现运动伤害事故，保证体质有效增强。体育锻炼的持久性，是锻炼不间断性和循序渐进性有机的结合。人体经过一个时期、一定量负荷的体育锻炼，体质得以发展，上升到一个新的水平，但是由于内脏器官功能所特有的惰性特征，如果不持续地进行强化，那么，已获得的体质提升的效果将会逐渐退化。数周锻炼的成效仅需要两周的停顿便可付诸东流。体育锻炼的自觉性，体育锻炼贵在坚持。其实，我们每个人都懂得身体对自己生存发展的重要性，也都知道体育锻炼对身体的好处。就体育锻炼而言，许多人缺的就是不能坚持。坚持是磨炼个人意志的最好方法，也是抵抗挫折的必备素质。

（3）逐步摸索出适合自己的体育锻炼模式。大学生的体质体能训练标准至今还没有如同考试一样有统一的量化标准的判定的尺度，由于存在客观因素的制约，大学生的体质体能训练标准依然存在着较大的差别。所以，体育锻炼更不可以盲目效法别人，应从个人的身体实际情况出发，经过反复的实践，逐步摸索出属于自己的、对促进健康有帮助、有益的体育锻炼模式。

二、体能训练内容选择

（一）体能训练内容分类

（1）健身体育类。健身体育是指人们为了强身健体、增强体质而进行的体育运动。通过所选择的健身项目的练习，达到增强各个器官功能、发展各个系统的机能、提高身体素质的目的。健身体育运动可以根据个人的自身特点和爱好进行有选择性的练习，既可以是竞技体育的项目，也可以是休闲体育的项目。

（2）健美体育类。健美体育是在健身体育的基础上，单纯为了增加形体健美而进行的身体肌肉力量的锻炼。通过健美体育运动的练习可以形成健美的体形和体态。健美体育运动有很强的针对性，单纯为了发展肌肉的围度所采用的力量举及器械健美，还有为了使体形匀称、气质优雅而进行的形体训练和艺术体操及体育舞蹈等练习方法。

（3）娱乐体育类。带有娱乐性质的活动，如游戏、踢毽子、放风筝、跳橡皮筋、渔猎、郊游、打台球，以及观看各种体育比赛等。

（4）康复体育类。又称医疗体育，是患者为了治愈或预防某些疾病复发而采取锻炼身体的形式。康复体育的内容是根据患者病情的具体情况来安排详细体育锻炼计划的。主要是以运动强度低、运动量小、动作轻缓为主的体育项目，如太极拳、气功、保健按摩、散步等。在医生的指导下，根据病情的具体情况再配以药物辅助效果更加理想。

（5）矫正体育类。矫正体育是指通过体育锻炼使身体上的某些缺陷或功能性障碍得到康复或是缓解。应该具体地、有针对性地安排练习的锻炼项目内容，如保健操、矫正操等。

（6）休闲体育类。休闲体育是休闲范畴下的分支概念，其特征表明休闲体育是选择锻炼身体和运动技能作为休闲的运动方式和方法，体现了休闲体育的运动宗旨，也体现了对身体和精神的养护、发展、调整以及娱乐等功能。

（7）防卫体育类。为了防范各种自然和人为伤害，提高人的应变能力和机体适应能力而进行的身体锻炼，如女子防身术、擒拿术、拳术、摔跤等。

（8）竞技体育类。竞技运动是以科学系统的训练，通过竞赛的方式最大限度发挥个人的体格、体能、心理和运动能力等方面的潜力，从而取得优异成绩的一种体育运动。属于竞技运动的项目有很多，例如，田径、球类、举重、摔跤、水上运动等。它的特点是有高超的技艺、竞赛性强、按照严格统一的规则进行竞赛，所取得的成绩被社会承认。上述竞技项目都是极好的体育锻炼内容，但由于竞技运动技术复杂，并且运动器械与场地设施有特殊的要求，因此以竞技运动作为身体锻炼内容要从实际出发。

（9）自然力锻炼（日光、空气和水）类。自然力锻炼的目的在于提高有机物对各种不良现象因素（冷、热、阳光辐射、低气压）的抵抗力，有助于提高工作能力和脑力劳动能力，增进身体健康，降低发病率，任何年龄的人都可以利用自然力的锻炼，自然力锻炼可以在专门条件下进行，也可在日常生活中进行，自然力锻炼应该从不大的负荷量和最简单的内容开始。

（二）如何选择体育锻炼的内容

如何从实际出发，选择适合自身的锻炼内容，这对于每个参加锻炼的人来讲，都是一个实际问题。我们按人的体质和健康状况，把人的体质划分为：健康型、一般型、体弱型、肥胖型、消瘦型、高龄型。不同体质类型的人，应选择不同的体育锻炼内容。

（1）健康型：指身体强健者。此类人对体育锻炼大多都具有强烈的欲望和热情，并能承担较大的运动负荷。在体育锻炼的内容上，根据自身的实际情况和兴趣，选择2—3个运动项目作为健身的手段。一般来说，年轻人以选择球类、健身操、游泳、举重、健身跑及田径运动等项目为宜。

（2）一般型：指身体虽不健壮但也无疾病者。这种类型体质的人在群体中占有很大的比例，据统计，青少年学生中约占60%。一般型体质的人，身体无疾病，但往往对体育锻炼缺乏热情和持之以恒的精神，不经常锻炼，因此体质一般。对于此类人群，最好选择形式活泼，趣味性强，且对增强体质有实效的体育项目，以激发和培养体育锻炼的热情和兴趣，逐步养成良好的锻炼习惯。年轻人以选择球类、武术、游泳、健身健美运动为宜。

（3）体弱型：指体弱多病或发育不良的人群。为了增强体质，战胜疾病，增进健康，体弱者宜选择健身跑、定量步行、太极拳、气功等锻炼内容，待体质获得改善以后，再选择其他锻炼项目。运动负荷要适宜，切不可急于求成。

（4）肥胖型：指体重超过正常标准以上的人。肥胖体质参加体育锻炼直接目的就是进行减肥，应依据个人的年龄、身体状况和需求，可选择不同的运动形式，有目的地、有计划地消耗肥胖人群过剩的脂肪。运动项目要根据减肥者的实际情况来进行选择。儿童和老人要选择慢跑、快走、倒走这些比较容易的运动。中年和青少年可以选择跳绳、跑步机、跳舞毯。运动的时候注意强度不要太大，注意心率的变化。韵律操、骑车、游泳也是非常好的减肥项目。

（5）消瘦型：指体重低于正常标准值。消瘦型体质的人群参与体育锻炼，多是希望身体健壮。要达到这一目的，除了加强营养外，以选择体操、健美运动、球类等项目为锻炼内容。

（6）高龄型：老年人随年龄的增长，出现了体质、机能等方面一系列的衰退现象。如女性的肥胖率增加；男女性安静和运动时心电图异常检出率增加；肺活量百分率、第一秒钟用力呼气容量异常情况也更为明显，尿糖、微循环异常的发生也有所增加。体育锻炼能增强中老年人的体质和心肺功能。经常锻炼者心肺负荷能力明显高于不活动者，肥胖、高血压、尿糖的发生率较低，安静及运动心电图异常的情况也较不活动者明显为低。适合老年人的运动项目有步行、交谊舞、门球、太极拳等。

（三）选择体能训练内容的原则

科学地选择体育锻炼的内容，是获得体育锻炼良好效果的重要环节。

1. 根据个人的身体特点、兴趣及需要原则

人的个体差异很大，在选择锻炼内容时要考虑年龄、性别、身体条件、运动基础、健康状况和自己的兴趣爱好以及需求等情况。确定锻炼的目的是为健身健美还是提高运动水平；是为了娱乐、医疗还是促进身体的正常发育；然后选择那些适合于自己的运动项目与形式进行锻炼。

对于学习压力日趋加重的现代的大学生来说，适当地进行身体锻炼很有好处。不仅可以提高身体素质，还可以做到劳逸结合，使智力水平得到充分的发挥。

大学生一般都是静坐在教室、实验室、自习室，低头弯腰学习或工作。长期处于这种姿势，又不参加体育锻炼，往往会引起各种疾病。如供血不足、神经衰弱、胸腔狭窄、肌肉软弱无力、心脏疾病、便秘等，因此，大学生要经常参加身体锻炼。因为身体锻炼可以使心脏和胃肠都得到良好的锻炼，使大学生精力充沛。同时，身体锻炼还是一种积极性休息。脑细胞各有分工，进行身体锻炼时，管理肌肉活动的精神细胞处于兴奋状态，而思考问题的神经细胞则处于抑制状态，得到很好的积极性休息。

大学生自我身体锻炼的主要特点在于有计划性和有目的性，以自身的身体健康和运动能力为基点，结合自己所学专业及未来职业选择的特殊需要，考虑未来事业与生活的理想追求以及所能利用的现有客观物质条件，制订短期与长期的自我锻炼计划。同时，既要用规划去约束主体行为，又要在实践中调整和充实锻炼计划，这是大学生自我身体锻炼有效性的根本保证，也是大学生迎接现代生活方式与现代人标准挑战的有力武器。但是，由于有些大学生缺乏体育运动知识，违背了科学的锻炼方法，不顾人体的生理特点，一味地追求大运动量，不按人体各器官不同的最佳发育期选择有针对性的运动项目进行锻炼；不注

意全面发展的锻炼，扰乱体力和脑力劳动的生物规律，运动没有规律；不注意运动环境和运动卫生；心血来潮，不能善始善终的突发性锻炼等等这些都是有碍健康的锻炼方法，应及时纠正和避免，因为身体锻炼的目的是增进青少年身体发育和增强体质，如果锻炼方法不当，违背了人体发展规律，就会适得其反。因此，进行锻炼时，要因人、因时、因地，根据自己的年龄、性别、工作与学习特点以及自身的健康状况安排锻炼的时间和进度，还要充分考虑到季节、地区、自然环境等因素对锻炼效果的影响。运动量、运动强度也要由小到大，并在锻炼过程中逐渐积累经验，掌握好适宜的运动量，以期达到自我身体锻炼的最佳效果。

大学生自我身体锻炼的目的和需要是复杂多样的，有时是为了情感宣泄，有时是为了健身，有时是为了从紧张和精神压力中解脱出来，有时是为了提高运动技能和技巧，有时是为了病后康复或生长发育，有时是为了提高大脑的工作效率。总之在选择身体锻炼的手段、方法时，要考虑到自身的特殊需要，做到"对症下药"，这样才能"行之有效"。

2. 实用方便原则

进行体育锻炼自然要考虑锻炼的全面性，通过锻炼力求使身体的各个部位（上下肢，躯干）、内脏器官、身体素质获得全面发展。同时，也应考虑实际条件，因时、因地进行一些实效性强而又简便易行的锻炼内容与形式。所谓因时制宜，就是要根据季节气候的变化，合理安排些适宜的运动项目；所谓因地制宜，就是要从实际出发，充分利用现有的场地、设备、器材等。

（四）选择和运用适宜的锻炼内容的方法

对体育锻炼内容按其目的分类，有助于我们有针对性地选择和运用。

（1）体育锻炼时，应多选择以有氧耐力为主，增强心肺功能的锻炼内容，如跑步、游泳等。正常人要想达到增强心肺功能的目的，可以通过奔跑或连续跳跃使心率达到每分钟 150 次左右时，并且能持续 20—30 分钟的锻炼时间来实现。

（2）应该选择那些对增强肌肉力量有所帮助的训练内容。一个健康健美青年人应具有匀称的身材、不必很发达但坚实的肌肉、健壮的身体，以更好地适应现代社会的效率、节奏和竞争。所以，要把握好大学四年身体发育定型之前的这个阶段来促进骨骼发育，增加肌肉力量和围度是很重要的。器械健身、游泳、健美操等项目都可以达到身材健美的效果。很多原重力练习都会带来很好的效果，比如双杠臂屈伸、单杠引体向上、各种角度的俯卧撑、仰卧起坐等。恰恰是这些看似简单枯燥的动作，却能在短时间内带来意想不到的效果。

（3）对娱乐性较强的项目内容的选择很重要。这些项目虽然不能够明显地达到增强体质、强化骨骼的作用，但是可以缓解疲劳、放松心情、减轻压力，比如非竞技性球类比赛、体育舞蹈、户外徒步等，都能够获得愉快的情绪，对达到心理平衡则有很重要意义。

体育锻炼的手段的多样性，可以增强体育锻炼持续性和稳定性，达到终身体育的目的。

体育锻炼内容的选择直接影响体育锻炼的效果，对体育锻炼内容的这种区分有相对性，却很有利于进行理论求证。

（五）选择和运用适宜的锻炼内容的形式组合方案

体育锻炼内容的选择，最重要的是要"因己而宜"。而真正意义的因己而宜，是指学生从众多的运动项目中选择若干符合自己兴趣爱好、身体条件、健康水平和运动能力的项目，作为自己相对稳定的锻炼内容和形武，以取得通常具有某种特定意义的锻炼效果。由于大学生在兴趣爱好、身体条件、健康水平和运动能力上有较大的差异，而且在生活环境物资条件和拥有业余锻炼时间上有所不同，所以我们很难设计出适合所有学生的锻炼方案和形式的组合。但我们可以根据"追求某种特定的效果"，建议性地提供一些练习内容和形式组合方案。

1. 以全面发展机体能力为目标的形式组合

我们以与运动能力关系最为密切的神经、运动、呼吸和循环系统为例。

（1）提高神经系统的机能，中枢神经系统由脑和脊髓构成，而其最高指挥机关则是大脑皮层。它一方面担负着管理和调节人体内部各器官系统的活动，保持人体内部环境的平衡，另一方面则维持人体与外部环境的平衡。体育锻炼是在中枢神经系统的支配调节下进行的。反过来，进行体育锻炼也能提高中枢神经系统的机能水平。它能够提高神经过程的强度和集中能力，提高均衡性和灵活性，从而提高有机体对内外环境的适应能力。比如短跑、投掷、体操武术及各种球类项目的练习，都对提高神经系统的灵活性有较好的作用；而中长跑、划船、竞走、较长距离的游泳等，都对神经系统的稳定性有较好的作用。换言之练习动作速度快、变化多及对抗性的项目，有利于提高神经系统的灵活性；练习动作单一，变化少且持续时间长的项目，则有利于提高神经系统的稳定性。若要提高神经系统发放神经冲动的强度，可采用一些克服重量、表现高速度的练习。如举重、负重蹲跳、短距离冲刺跑、纵跳摸高等等。但就锻炼身体而言，通常不宜进行极限重量和极限速度的练习。

（2）提高运动系统的机能，主要是追求促使骨骼粗壮，肌肉发达及增大肌肉力量的效果。大部分跳跃、奔跑、投掷、有对抗性的球类项目以及一些支撑和悬垂的练习，都可以促使骨骼健壮。追求肌肉的发达可采用中等或较大重量而重复次数在7—12次的练习。如要提高最大力量水平，可采用大量（包括极限重量）而重复次数在1—5次的练习。

（3）提高呼吸和循环系统的机能，主要是追求肺活量，每搏输出量及氧利用水平的提高。中长跑、中长距离的游泳、爬山及较长时间的球类活动，都可以取得良好的效果。

2. 以全面发展运动素质为目标的形式组合

（1）力量。发展最大力量前面已谈过。发展速度力量（爆发力）可采用中等重量而动作速度尽可能快的练习；发展力量耐力可采用小重量或中等重量而重复次数尽可能多的练习。

（2）速度。反应速度可以通过对各种信号做出相应反应的练习及球类（尤其以乒乓球为最佳）、拳击、击剑、武术对练等来提高；动作速度可以通过徒手（或稍加重量）用最快的速度重复某一动作来提高；位移速度（即奔跑速度）通常可以用较短距离（30米、60米）而全速的反复跑以及常常出现冲刺场面的球类项目来提高。

（3）耐力。分为心血管耐力和肌肉耐力。心血管耐力本质上是呼吸、循环系统功能状态的体现，故方法与其相同；而肌肉耐力与前面所谈的力量耐力颇为相似，故方法也基本相同。

（4）灵敏。灵敏是素质中最复杂且较抽象的一种。灵敏素质通常在处理突发性且较复杂的操作问题时，表现得较为典型和充分。故一般采用即兴做一组较复杂的动作或即时模仿较复杂的动作的练习来发展灵敏素质。另外，经常从事球类、武术、拳击、体操等项目也会起一定的作用。

（5）柔韧。柔韧是能较快获得效果但为其付出的痛苦也最多的一项素质。体操、武术、跨栏及球类等项目的练习，都可以使人达到一般或较高的柔韧素质水平。如要达到较高的水平，则还需要在外力（他人）的帮助下做一些专门的压、伸展、牵拉等的练习。应注意的是，练柔韧进步快，但停止练习后，效果的消退速度也快，所以，我们特别强调持之以恒。

3. 以塑造形态为目标的形式组合

良好的形态通常是以良好的姿势和匀称且较发达的肌肉为标志的（就女生而言，对后者尚有异议），因此，良好而正确的行走、站立、坐卧姿势习惯对形态有着较大的影响。

促使肌肉发达的方法前面谈过，如用于塑造形态，则尤其要注重全身肌肉发达的全面和对称。而促使各大肌群和小肌群发达的具体形式和方法很多，难以一一细述。

4. 提高认识（思维）能力的形式组合

客观地说，体育运动不是发展智力的主要途径，但这并不意味着参加体育锻炼不能获得发展智力的效果。体育运动的竞赛、训练、教学及群众性体育锻炼中，不但蕴含着丰富的科学知识，还蕴含着极丰富的各种矛盾和辩证关系。其中有些项目，如各种球类、棋类、桥牌等，对参加者的智力水平（尤其是思维能力）有着较高的要求。经常参加这些项目，对提高认识（思维能力）水平无疑是大有裨益的。选择和确定锻炼方案的要点是"因己而宜"，而在方案的具体实施过程中，则是"贵乎得法"。"因己而宜"是项目意义上的问题，而"贵乎得法"则是具体的运动动作意义上的问题。每个运动动作都有特定的完成方法和要领，掌握方法是基础，而得其要领才能取得较好的练习效果。从这个意义上讲，在选择锻炼项目时，就要充分考虑兴趣、需要和能力的统一，才有可能在练习该项目时，达到因己而宜与贵乎得法的统一。

第二节 体质体能训练原则

体育锻炼是人们运用各种身体练习方法,并结合自然力和卫生因素以发展身体、增进健康、增强体质、调节精神、丰富文化生活为目的的身体活动。要想使体育锻炼有效地增强体质,提高健康水平,达到预期的最佳效果,就必须按照科学的原理,遵循一定的原则,讲究锻炼的方法。否则,便会伤害身体、有损健康。体育锻炼的一般原则是人们成功经验的总结和概括,也是人们参加体育锻炼所必须遵循的准则,适用于任何年龄和任何体能水平的锻炼者。它包括自觉性原则、从实际出发的原则、积极进取原则、循序渐进原则、持之以恒原则、因人制宜原则、合理安排运动负荷原则、全面锻炼原则以及遵循规律、自我保健原则。

一、自觉性原则

自觉性原则指锻炼行为是出自锻炼者主观的实际需要,是积极自觉的行动。毛泽东在《在体育之研究》中说:"欲图体育之有效,非动其主观,促其对于体育之自觉不可。"随着人类社会的发展和科学技术的进步,人们余暇时间增多,为了丰富文化娱乐生活,减少疾病的发生,应自觉地加强身体锻炼,以达到增进健康、防治疾病和延年益寿的目的。

二、从实际出发的原则

从实际出发的原则是指锻炼身体应从个人的实际情况和外界环境条件的实际出发,确定锻炼目的、选择适宜的运动项目、合理地安排运动时间和运动负荷。这是增强身体素质及提高运动水平必须遵循的原则。它包括以下两个方面的内容:第一,从自身的实际出发。由于性别、年龄、体质和健康状况的差异,体育锻炼要从自己的实际情况出发,结合本人工作、学习、生活的实际情况,有目的地选择和确定运动项目、练习方法,合理地安排锻炼的时间和运动负荷。在每次锻炼前都要评估自己当时的健康状况,使运动项目的难度和强度不要超过自己身体的承受能力。如果违反人体发展的基本规律,只能损害身体健康。第二,从外界环境条件的实际出发。进行体育锻炼时,一方面要根据自身的实际情况;另一方面还要从季节、气候、场地、器材等外界条件出发,按照科学锻炼的方法,合理选择运动项目、练习时间、运动负荷,才能收到良好的锻炼效果。如在冬季应着重发展耐力和力量素质,在春、秋两季应重点进行技术性的项目,在炎热的夏季,游泳是较为理想的项目。在力量训练前,要仔细检查器械,避免伤害事故的发生。

三、积极进取原则

体育锻炼是自我锻炼自我完善的过程，如果不是自觉自愿，别人则无能为力了。体育锻炼能有效地增进健康，当代大学生应充分认识到健康是未来社会人才素质中的基本要素，增进健康不仅是个人的需要，而且也是时代、社会赋予大学生的使命。明确了这样的锻炼目的，才能形成锻炼的兴趣，进而把体育锻炼作为生活中不可缺少的一部分，自觉参加体育锻炼，并在体育锻炼中获得愉悦的情感体验。每个人都有自身的个性，因此在体育锻炼中应战胜自我、战胜各种困难，达到预想的效果。

四、循序渐进原则

循序渐进原则主要是指在安排锻炼内容、难度、时间及负荷等方面要根据人体发展规律和超量负荷原理，有计划、有步骤地逐步提高要求，使人体在不断适应的同时，体质逐步增强。主要应做到以下两点：第一，运动负荷的循序渐进。进行体育锻炼时，当机体对一定运动负荷产生适应之后，这种负荷对机体的刺激会变小，此时，可以适当增加练习时间和练习次数，让机体产生新的适应。但运动负荷的增加应遵守由小到大、逐步提高的原则。体育锻炼的开始阶段或中断锻炼后恢复锻炼时，强度宜小，时间宜短，不要急于求成。第二，练习内容上的循序渐进。练习内容要由简到繁，在动作要求上应由易到难，逐步加大难度。应首先考虑选择简单易行、容易收到锻炼效果的项目和内容。在每次练习时，也应先从动作简单、强度不大的内容开始练习，然后逐渐增加动作难度和运动负荷。体育锻炼只有遵循人体生理、心理发展的基本规律，根据自己身体健康状况，科学地安排适宜的运动负荷和练习内容，才能收到良好的锻炼效果。

五、持之以恒原则

锻炼身体要有连续性和系统性，只有经常参加体育锻炼，安排适合自己兴趣、爱好的运动项目，科学地制订健身计划，才能不断增强体质。科学实验表明，不经常参加体育锻炼或中断体育锻炼的人，原有的身体机能、素质和运动技术水平会明显下降。中断锻炼身体时间越长，消失越明显。常言道："流水不腐，户枢不蠹"，体育锻炼也是如此。只有持之以恒，人体的基本活动能力才能保持和不断提高，体质才能增强。实践证明，坚持经常锻炼，能使人体的新陈代谢功能增强，促进体内异化作用，继而达到同化作用的加强，加快体内物质合成，使人体结构和功能的变化得到提高，并可使骨骼坚实、韧带牢固、肌肉粗壮、肺活量增大等。如果"三天打鱼、两天晒网"，间断进行锻炼，就不可能收到明显的锻炼效果。若长期停止锻炼，各器官、系统和动作技能形成的条件反射就会慢慢减退，这正是"用进废退"的道理。因此，坚持经常锻炼的人，能有效地提高运动素质、基本活动能力和各器官机能，达到强身健体的效果。

六、因人制宜原则

根据每个人的具体情况确定锻炼的目的、内容、方法、时间，以及运动负荷等。身体锻炼应按参加者在年龄、性别、职业、健康状况、兴趣、爱好、承受运动负荷的能力等方面的不同特点，进行组织、安排。正确地运用这一原则，对于调动锻炼者的自觉性、积极性，提高锻炼效果，有重要意义。例如：中老年人采用散步、慢跑、太极拳和保健操等比较适宜；对于正在成长的青少年，应强调全面性，以促进身体的全面发展。安排运动负荷，一般以锻炼者自我感觉舒适和不影响正常工作、学习与生活为准。

七、合理安排运动负荷的原则

运动负荷是指身体练习时人体的生理负荷。合理安排运动负荷的原则，是指在锻炼中恰当合理地使身体承受一定的生理负荷量，既能满足增强体质的需要，又能符合身体的实际承受能力。确定运动负荷，一般以参加者身体既有一定程度的疲劳，又能承受，不影响正常工作、学习和生活为准。锻炼者的性别、年龄、体质、健康状况以及锻炼基础不同，运动负荷也不相同。负荷过小，对身体作用不大；负荷过大，会损害身体；只有适宜的运动负荷，才能有效地增强体质，提高健康水平。人体对运动负荷的承受能力有一个缓慢的适应过程，承受能力也是随着锻炼水平的提高而逐步提高的。如果负荷量长期停留在一个水平上，则不能对有机体产生良好刺激。有机体的机能提高是按照刺激—适应—再刺激—再适应的规律有节奏上升的。因此，在进行体育锻炼时就应随着这个节奏和规律科学地安排运动负荷。

八、全面锻炼原则

全面锻炼原则是指通过体育锻炼使身体形态、机能、身体素质和心理品质都得到全面而和谐的发展。人体是一个有机的统一体，各个器官和系统的机能都是相互联系和相互影响的。因此，体育锻炼选择的练习内容和方法应力求全面影响身体，使各项身体素质和身体各器官系统的机能得到全面发展。练习内容和练习手段的选择不能过于单一，因为每种练习内容或练习手段对身体的影响都具有局限性，练习内容和练习手段应多样、丰富，应避免长期局限于只锻炼身体某部位或只发展某种身体素质的练习。在锻炼中可以以某一项为主，辅以其他锻炼内容。如进行肌肉力量练习的同时，可增加一些发展有氧耐力和柔韧素质的练习，使身体得到全面的锻炼。

九、遵循规律、自我保健原则

要取得良好的锻炼效果，必须遵循锻炼的科学规律，同时加强自我监督、自我保健。锻炼时，要做好准备活动，注意定期体检和运动安全，养成讲究运动卫生、科学锻炼的良好习惯。尤其是女大学生在月经期间，要更加注意灵活安排锻炼的内容和运动负荷。自我保健、自我监督在体育锻炼中尤为重要。加强自我保健能够减少运动损伤。自我监督能及时掌握自我的身体变化、疲劳程度、健康状况、计划的完成情况和锻炼效果等信息，使锻炼更有针对性。

上述九个锻炼身体的基本原则是相互联系、相互促进的，在参加体育锻炼时，只有全面贯彻执行科学锻炼身体的原则，才能使身体得到全面发展，不断提高健康水平。

第三节　体质体能训练运动处方

随着社会的发展，人们对健康的重视程度不断提高，科学、合理的运动成为人们的需求。人们在进行健身和锻炼的过程中，运动处方能提供有目的、有计划、科学的指导。

一、运动处方的概念和分类

世界卫生组织（WHO）于 1969 年开始使用运动处方这一术语，使得它在国际上得到认可。运动处方是健身活动者进行身体活动的指导性条款。它是根据参加活动者的体适能水平和健康状况以处方的形式确定其活动强度、时间、频率和活动方式，这如同临床医生根据病人的病情开出不同的药物和不同的用量的处方一样，故称运动处方。

运动处方是指对从事体育锻炼的人（含病人），根据其医学检查资料，按健康、体力以及心血管功能状况，结合生活环境条件和运动爱好等个体特点，用处方的形式规定健身活动适当的运动种类、时间和频率，并指出运动中的注意事项，指导其有计划地经常性锻炼，达到健身或治病的目的的方法。简单地说，就是适宜运动的处置方法，它和真正意义上的处方不同．只是一份需要兼顾到方方面面个体差异，所制订出来的个性化运动健身计划而已，它是运动干预的基本依据。

随着运动处方的不断完善，应用范围日益扩大，按照其应用的对象和目的可分为以下三类：

（1）健身运动处方。健身运动处方是针对健康普通人群，用以提高健康体能，预防由于缺乏运动而引起的疾病，如高血压、冠心病、糖尿病、肥胖症等。健身运动处方可包括：有氧锻炼处方、肌肉力量与耐力锻炼处方、柔韧性锻炼处方、控制体重运动处方。

（2）竞技训练运动处方。竞技训练运动处方主要是面向专业运动员进行运动训练的处方，用于提高专项素质和运动成绩。大学体育教学过程中，会出现一部分体育尖子生，按照其特点，提高运动水平，发挥优势，可以利用竞技训练运动处方。

（3）康复性运动处方。康复性运动处方主要以治疗慢性病或康复身体残障为目的的运动处方。

二、运动处方的特点

（1）目的性。强运动处方有明确的远期目标和近期目标，运动处方的制定和实施都是围绕运动处方的目的进行的。

（2）计划性。强运动处方中运动的安排有较强的计划性，在实施运动处方的过程中容易坚持。

（3）科学性。强运动处方的制定和实施过程是严格按照康复体育、运动医学、运动学等学科的要求进行的，有较强的科学性。按运动处方进行锻炼，能在较短的时间内取得较明显的健身和康复效果。

（4）针对性。健身锻炼处方就像医生给病人开的药方，根据每个健身者的特点确定适合自己的运动负荷量。

（5）普及面广的运动处方简明易懂，容易被大众所接受，收效快。

三、运动处方的要素

运动处方一般包括5个基本要素，即运动项目、负荷强度、运动频率、持续时间和注意事项及微调整，前四项内容常被称为运动处方四要素。

（一）运动项目

在运动处方实施中，选择运动项目的条件是：①经医学检查已许可；②运动强度、运动量符合本人体力；③过去的运动经验与本人喜欢的项目；④场地、设备器材许可；⑤有同伴与指导者。现代运动处方的运动形式包括三类：

第一类：有氧耐力运动项目。如步行、慢跑、速度游戏、游泳、骑自行车、滑冰、越野滑雪、划船、跳绳、上楼梯及功量车、跑台运动等。

第二类：伸展运动及健身操。包括广播体操、气功、武术、舞蹈及各类医疗体操和矫正体操等。

第三类：力量性锻炼。如自由负重练习、部分健美操等。

（二）负荷强度

负荷强度是指单位时间内的运动量。运动负荷强度的自我确定与监控是终身运动健康知识中个性化特征最显著、实用性最强、对健康影响最大的关键部分，也是运动处方定量化与科学性的核心问题，因而也是大学生应该重点学习与掌握的内容。适宜负荷强度可根据心率、自感用力度（RPE）、梅脱（METs）、最大吸氧量贮备百分比进行定量化设计与监测。设定运动负荷强度，应该量力而行，立足于自我提高，不要定得过高而不易实现，也不要定得过低，而应有一定的难度，应该是通过努力可以实现的，而且是可行的。此外，负荷强度的目标必须明确具体，对负荷目标达到的程度要进行定期评价，根据自己的现状及时调整。

1. 心率

心率和负荷强度之间存在线性关系。通常，用心率确定负荷强度有两种方法：

（1）用最大心率（HRmax）的百分比来确定负荷强度。最大心率不容易测定，可用公式："最大心率=220－年龄"来推算。通常认为，提高有氧适能的运动处方宜采用55%—77% HRmax。

（2）用最大心率贮备（HRR）百分比来确定负荷强度。最大心率贮备等于最大心率减安静心率之差。在实际应用时，是用贮备心率和安静时心率同时来确定运动时的心率，称靶心率（THR），这一方法是卡沃南提出的，其计算公式是：

靶心率＝（最大心率－安静时心率）×（0.6－0.8）+安静时心率

0.6—0.8为适宜强度系数，亦即60%—80%最大心率贮备。通常认为，在此强度系数范围内，运动能有效地提高有氧适能。

2. 代谢当量（梅脱）

梅脱是以安静时的能量消耗为基础，表达各种活动时的相对能量代谢水平。机体的耗氧量与身体活动时的能耗量成正比，静息状态下耗氧量绝对值约为250ml，相对值约为3.5ml·kg－1·min－1，这一安静状态下的值规定为1梅脱（METs）。例如一项活动时的吸氧量为14ml·kg－1·min－1，则METs=14÷3.5=4.0。此外，还可以先用间接测定的方法来推算最大吸氧量，然后折算为METs值。

3. 主观感觉程度（RPE）

研究证明，用力地主观评价与工作负荷、最大心率贮备百分数、每分通气量和吸氧量、甚至和血乳酸水平高度相关。主观感觉程度（RPE）×10约与心率相等。RPE11—16和心率每分钟110—160次相当，此值在典型的训练强度范围内。对正常人，RPE11—16也与绝对负荷强度范围50%—75%最大梅脱（METs）相近。许多研究证明，RPE可应用于各种人群而不论年龄、性别和出身。换言之，工作强度的主观评价同受工作影响内部因素一样，都能给负荷本身提供一个精确的评价。

4. 最大吸氧量贮备（VO2R）百分比

最大吸氧量贮备为最大吸氧量减静息吸氧量。以前认为最大吸氧量百分比（% VO2max）与最大心率贮备百分比（% HRR）相当，而近年来的大量研究证实，最大心率贮备百分比与最大吸氧量贮备百分比的当量关系比最大心率贮备百分比与最大吸氧量百分比的当量关系更为密切和精确，故用最大吸氧量贮备百分比取代最大吸氧量百分比和最大心率贮备百分比一起，作为运动处方中常用强度控制指标。

（三）运动频率和持续时间

运动频率是指每周锻炼的次数。每周锻炼 3—4 次是最适宜的频率。但由于运动效应的蓄积作用，间隔不宜超过 3 天。作为一般健身保健或处于退休和疗养条件者，坚持每天锻炼一次当然更好，但前提条件是次日不残留疲劳，每日运动才是可取的。各人可选择适合自己情况的锻炼次数，但每周最低不能少于 2 次。

运动持续时间和负荷强度关系密切。当负荷强度达到阈强度后，一次运动的效果是由总运动量来决定的，而总运动量—负荷强度 × 运动时间，即由两者的配合来共同决定，在总运动量确定时，负荷强度与运动时间成反比。负荷强度较大则运动时间较短，负荷强度较小则运动时间较长。

（四）注意事项及微调整

为了确保安全，在运动处方中，要根据参加锻炼者或患者的具体情况，提出相应的注意事项。第一，按照运动处方进行锻炼时，应注意运动的持续性、节律性和有氧性，尽量进行有大肌肉群参与的全身性运动；第二，应指出禁忌的运动项目和易发生危险的动作；第三，指出运动中自我观察指标及出现异常时停止动作的标准；第四，每次锻炼前、后都要做好充分的准备活动和整理活动；第五，及时修正运动处方中不适合自己的部分。

四、运动处方程序

（一）制定步骤

制定运动处方前，应该先进行必要的医学检查；然后按照个人的健康状况与体适能的水平制订方案；按照运动处方进行每一次运动锻炼，其中应该包括准备活动部分、基本部分和整理活动等 3 个部分，并应对运动负荷量进行自我监控与医务监督。

（二）确定运动处方具体目标

在确定运动处方的具体目标时，必须了解个人参与锻炼的动机，选择适合的锻炼处方。个人参与锻炼的动机有：为了健康，提高健康体能，降低发病率；为了改善体形，保持匀称身材，适当控制体重；为了休闲娱乐，确保运动中的安全；为了增强某个薄弱运动体能，提高运动成绩；为了就业，增强身体特定的功能能力，通过测试。

（三）健康检查

运动前的医学检查是为了保证运动者的健康，防止运动意外伤病的发生。运动者在参加运动前，以及心脏病患者进行康复运动锻炼前，都必须进行运动前的医学检查，了解健康状况，包括是否有患慢性病及有无运动禁忌的情况，特别是对心脏功能、运动器官功能、体力、体能都要通过定量的测定，看是否有异常和疾病，能否参加体育锻炼。如果有疾病，就需要先进行医务治疗。

（四）评价自己的体能状况

体能检查与评价的目的是发现自身潜在的身体疾病或异常，为确定适宜的负荷强度提供依据。

（五）制订锻炼计划

根据锻炼目标、健康检查结果、体能评价等级，遵循提高健康体能的锻炼原则，制定出一套合适的运动锻炼计划。

（六）面对面进行指导

这一点很重要，尤其对每一个初次接受运动处方指导者，需要具体交代运动干预的各项内容。例如，首先向处方对象解释处方中各项指标的含义，传授掌握运动强度的方法，对如何执行处方提出要求，尤其要将运动时的注意事项交代清楚。根据运动后的反应，及时与医师取得联系，以便于适时调整运动处方等。

（七）定期调整运动处方

按照运动处方进行锻炼，一般经过 4 ~ 8 周的适应期后，可以取得比较明显的效果。此时如果有条件，可以再次和医生交流或做运动实验与功能评定。对运动处方，主要是对运动量进行调整，以便进一步提高运动干预的效果。

五、运动处方的实施

锻炼处方的实施就是将拟定好的运动计划通过具体行动转化成实际效果。在这一过程中应注意每一次训练课的安排、运动量的监控及医务监督。

（一）一次训练课的安排

在运动处方的实施过程中，每一次训练课都应包括三个部分，即准备活动部分、基本部分和整理活动部分。

（1）准备活动部分。准备活动的生理作用一般表现在：①适度提高中枢神经系统的兴奋性，促进参与活动的有关中枢之间的协调，使正式运动时的生理功迅速达到适宜状态。②预先克服内脏器官的生理惰性，增强氧运输系统的功能，使肺通气量、吸氧量和心输出量增加，机体在正式运动时能尽快地发挥最佳工作能力。③体温适度升高，促进体内的物质与能量代谢，使产热过程加强，提高代谢酶的活性和机体代谢水平；加快神经传导速度；降低肌肉的黏滞性，增强肌肉弹性和伸展性，提高肌肉的收缩速度，预防运动损伤；④增强皮肤血流，有利于散热，防止正式运动时体温过高。准备活动部分的主要作用是使身体逐渐从安静状态进入工作（运动）状态，逐渐适应负荷强度较大的训练部分的运动，避免出现心血管、呼吸等内脏器官系统突然承受较大运动负荷而引起的意外，避免肌肉、韧带、关节等运动器官的损伤。

在运动处方的实施中，准备活动部分常采用负荷强度小的有氧运动和伸展性体操，如步行、慢跑、徒手操、太极拳等。

准备活动部分的时间，可根据不同的锻炼阶段有所变化。在开始锻炼的早期阶段，准备活动的时间可为10—15分钟；在锻炼的中后期准备活动的时间可减少为5—10分钟。

（2）基本部分：基本部分是运动训练课的主要部分，是对人体施加有效生理负荷刺激，引起人体各器官系统结构与功能产生适应性变化的阶段。其锻炼模式是由运动项目、负荷强度、运动频率和持续时间等组成的锻炼方式。每个人锻炼目的不同，每次锻炼的内容不同，因此采用锻炼模式也不同。锻炼模式由这4种基本因素组成，这4种基本因素不同组合，可以组成多种基本锻炼模式，供锻炼者选择使用。

（3）整理活动部分：每一次按运动处方进行锻炼时，都应安排一定内容和时间的整理活动。整理活动的主要作用是：避免出现因突然停止运动而引起的心血管系统、呼吸系统、植物性神经系统的症状，如头晕、恶心、重力性休克等。

常用的整理活动有散步、放松体操、自我按摩等。整理活动的时间一般为5分钟左右。

（二）锻炼中负荷强度的监控和医务监督

在运动处方的实施过程中，对一般的健康人应鼓励进行自我监督；对治疗性运动处方的实施应进行医务监督。

在运动处方的实施过程中，应对一般的健康人进行自我监督，对治疗性运动处方的实施应进行医务监督。

（三）科学锻炼的注意事项

（1）锻炼一定要讲究科学，绝不能心血来潮，草率行动在开始锻炼前首先要做好充分的准备，只有这样才能确保运动的效果以及安全性。对于刚刚开始的人来说，充分的准备是坚持下来的关键。如果做了大量而充分的准备，那么就不会轻易地放弃锻炼。如果要使锻炼更加有效，就必须使它成为你日常生活的一种习惯。

（2）运动前的身体检查。开始一个经常性的锻炼计划前，最重要的是必须了解你自己身体的初始状态及其对运动的适应程度。没有一种方法能绝对保证你的身体完全适合进行运动锻炼，甚至医学专家的全面检查也不能保证人在运动时就一定没有意外发生。但无论如何，做一次身体检查是非常必要的，这是减少意外事件的最好方法。运动医学专家认为，运动之前进行一次全面的身体机能测试是很有必要的（包括运动时的动态心电测试），尤其是对于45岁以上者或有心脏疾病征兆的人。对于35岁以下的人士，如果身体是健康的，可以不做运动前的测试。但若是受伤后重新开始锻炼活动，或者长时间中断运动又重新开始健身运动，那么运动前的测试也是需要的。

（3）合适的运动着装。运动必须穿着专门的运动服装，这类服装的基本要求是舒适合身，关节处不能有障碍限制运动。此外，由于服装直接接触身体，因此最好选择透气和吸水的衣料，以利于汗液的蒸发和排出。女性应考虑运动护胸，而男性则可能需要护膝、弹性绷带之类的护具。专家还推荐贴身运动服之外要准备一套保暖服装，运动时可脱去，运动前和运动后则应穿上。此外，运动鞋和袜子的选择也很有讲究。轻便合适的运动鞋有助于减少长时间运动的能量消耗。良好的摩擦力对特定的运动项目也是重要的。

（4）热身练习和放松运动。运动前的热身练习有两个重要作用：其一是为心脏和循环系统做好运动的准备；其二是伸展骨骼、肌肉和韧带。因此，热身练习也可以分为心血管热身练习和骨骼肌热身练习。前者有助于心脏尽快地从常态进入大负荷的工作状态，后者则能提高肌肉的伸展性，以适应大强度的身体运动。剧烈运动之前，心血管热身练习应该包括大约数分钟的走、慢跑或者其他中小强度的练习。研究表明，突然的大强度运动对于大多数人来说，其心脏和肌肉的供血不可能得到立即的满足。实验也确实发现了大强度运动之前不做任何热身练习的人，其后出现心电图异常的发生率明显偏高。骨骼肌热身练习则主要包括参与运动的主要肌群的静力性拉伸。应该强调的是，尽管这些拉伸有助于降低肌肉受伤的可能性，但却不能代替专门的柔韧性练习。同热身练习一样，锻炼之后的放松运动也可以分为心血管系统的放松运动和肌肉的静力性拉伸放松。大强度运动期间，心脏泵出大量的血液供给运动肌肉所需的氧气。这时肌肉挤压血管，促使血液回流心脏。只要运动继续，血液就不停地被肌肉挤压流回心脏，然后被再次泵出。如果运动突然停止，那么肌肉的泵血作用就会消失，血液将无法迅速流回心脏。于是血液就会淤积在腿部，心脏泵出的血量就会减少，可能会导致头昏眼花甚至休克。减少这类问题的方法是在剧烈运动之后要缓慢地停下来。心血管系统的放松运动应该包括数分钟的步行、慢跑以及其他轻微的肌肉活动。相比之下，运动后的肌肉的静力性拉伸似乎比运动之前更为重要，因为这可以使疲劳的肌肉消除痉挛。这时进行拉伸肌肉的练习也是最为有效的阶段，因为此时肌肉的温度升高，可以进行大幅度的伸展，从而更有可能改善身体的柔韧性。

（5）合理地设定的"训练阈限"和训练的"目标区域""训练阈限"和"目标区域"并不是一成不变的，经过一段时间的锻炼，人的各项身体适应力将会提高，这时就需要重新设定。同理，如果你一段时间停止了运动，那么恢复运动时也必须重新设定你的"训练阈限"和"目标区域"。

六、运动处方的格式

运动处方可根据不同需要制定不同的格式。常用的锻炼处方一般分正面和背面。正面包括处方的内容，背面包括自我监督的情况（如表 3-1、表 3-2 所示）。

表 3-1　大学生运动锻炼处方卡（正面）

姓名：性别：年龄
健康状况： 功能检查：20 次 /30 秒蹲起 30 次 /30 秒下蹲台阶试验跑台功率自行车（以上项目可任选一项进行测试） 测试结果： 锻炼内容： 每次锻炼持续时间： 锻炼时最高心率（次 / 分钟）：每周运动次数： 注意事项：禁忌运动项目： 复查日期：　　　　　自我检查
医生健身指导教师签名：年月日

表 3-2　大学生运动锻炼处方卡（背面）

日期锻炼情况身体反应情况
       签名：

第四章 现代体能健康测量与评价

体质测量是对人的身体形态、机能、身体素质、运动能力、知识、心理品质、个性以及体育实施过程中的许多问题的数量化过程，包括物理量和非物理量的测定。对人进行的体育测量比对物体的单纯物理特性测量要困难得多，因为人是活的生命体，其物理量特征和非物理量特征时刻正在发生变化，在测量时不易控制。为使体质测量达到这一目的，就必须在测量学基本理论的指导下，使所选择的测量内容达到具有较高的科学性水平，即测试结果的可靠性、有效性和客观性。所以说，测量学的基本理论是设计选择测试指标和实施测量的依据，并为解决体质测试的科学性问题提供了理论与实践上的具体指导。测量的科学性是测量的合理设计、严密实施与先进技术方法的具体体现。体质测量的科学性主要从测量学的可靠性、有效性和客观性三个方面来衡量。

第一节 体质测量基础知识

一、体质测量的概述

（一）测量的概念

测量在《辞海》里的解释是："用量具或仪器来测定零件（或装配在一起的部件或机器）的尺寸、角度、几何形状或表面相互位置的过程的总称，也包括用仪表来测定各种物理量的总称。"如人们在体育教学、训练和健身等实践活动中用体重计来测定人的重量，用温度计测试人的体温，用尺子来测试人跳跃的距离等物理量，人们借助测量对客观事物进行数量化的确定，从而更好地认识和掌握事物的客观本质。随着科学技术的发展，人们对体育现象的认识日趋深入，不但可以对体育现象中的重量、温度、长度等物理特性做出精确的测量，而且对人的运动技能、智力、性格特征、体育道德等心理特性用非物理量也能进行测量，从而加深了对人类精神现象的认识，促进了体育科学的发展。体质测量方法及手段的选择是否得当，很大程度上决定着体质研究的价值和效果。因此，选择测量指标时，必须遵循测量的有效性、可靠性、客观性、经济性和可行性的原则，同时还应注意实施规范化和标准化的体质测量。20 世纪 80 年代，由中国体育科学学会体质研究会召开的就有关体质综合测量与评价指标的规范等问题进行讨论，指出体质测量指标和评价标准的优选和规范，应在全面考虑指标的有效性、可靠性、客观性和研究工作的连续性的前提下，结合当前我国的实际情况和现行的各项测验制度，分别制定当时体质测量基本可行方案和长远、深入研究的方案。这样既可使体质研究工作全面开展起来，又可使之向纵深发展。

（二）测量的取值和误差

体育测量的实践活动中，测量的取值一般分为两种类型：连续型变量值和离散型变量值。连续型变量值的特征，是在量尺上任意两点之间加以细分，并可以得到多个变量值。我们测量所得到的实测值只能看作一个近似值。这个近似的观测值是由上半个测量单位与下半个测量单位上的若干点所组成的一个数值区间。例如，100 米跑的观测值有 12 秒、12.0 秒、12.00 秒，这些均是 12 秒的表述。但三个 12 秒的取值精确限却不一样，第一个为秒、第二个为 1/10 秒、第三个为 1/10 秒。据此，根据测量目的和要求的不同还可精确至 1/1000 秒或 1/10000 秒。在以秒为单位的取值区间应为 11 秒 5（精确下限）到 12 秒 5（精确上限）。这个区间的任何值（11.6 秒、11.7 秒、12.3 秒、12.4 秒）四舍五入的近似值都是 12 秒。由此类推，精确到 1/10 秒的测量值 12.1 秒的取值区间应为 12.05 到 12.15 秒。在实际测量中，可根据测量要求及测量工具的精确度会得到不同精度的测量值。

离散型变量值的特征，是在量尺上任意两点之间不可以细分，各实测值通常为整数。如学生的人数、篮球投篮进球的个数、引体向上的次数等。离散型取值虽是整数不可细分，但在统计过程中仍存在取值精确限的问题。例如，一组双杠臂屈伸测试成绩的实测值，分组为 6—7、8—9，在计算中第一组的取值精确下限应为 5.5，上限应为 7.5；第二组的取值精确上限应为 7.5，下限应为 9.5。

体育测量的取值无论是连续型变量值，还是离散型变量值，都会因测量所要求的精确度不同而选择不同精确度的取值精确限，在数据处理时，都会存在取值的精确限问题。

体育测量中，由于测量仪器精度、测量技术、测量方法与条件等限制，使得实测值与被测真值之间会有一定差距，出现各种测量误差在所难免。也就是说，没有绝对准确和毫无误差的测量。所谓测量误差，是指与测量目的无关的变因产生效应，所引起的观测值与真值之间的差异。体质健康测试中任何一种测量精确度的高低都是相对的，均不可能达到绝对的精确。这是由于测量仪器、测量技术、测量方法及测量条件等限制，总会使得实测值与被测量真值之间出现一定的误差。也就是说，绝对准确和毫无误差的测量是绝对没有的。为使测量结果达到一定的精确程度，尽可能减少误差，提高测量的精确度，就必须充分认识测量中可能出现的各种误差，以便在实际测量的操作过程中采取一定的防范措施加以克服。体质健康测量中常出现的测量误差有以下几种。

1. 随机误差

随机误差又称为偶然误差，是指在测量中由一些主观或客观偶然因素引起，又不易控制的测量误差。在体育测试过程中，即便是方法统一，仪器也已经校正，但由于各种偶然因素的影响会造成同一被测对象多次测试的结果不完全一致，或者几个人同时对某一指标进行测试，其结果也不完全一样。随机误差产生的原因极为复杂，其误差值的大小不固定，忽高忽低，存在却是绝对的。但随机误差随着测量次数的增加会呈现一定规律性的变化。它总是围绕被测量的真值波动（虽说真值是无法观测到的）。由此可见，在实际测量过程中，严格按照标准化测量条件要求实施规范化的测量和增加测量次数，都是尽可能减少随机误差的最有效的办法。另外，应做到测试仪器性能与操作方法的稳定，使其控制在误差允许的范围，必要时可进行统计学处理。

2. 抽样误差

抽样误差是指由于抽样而引起样本统计量与总体参数之间的差异所产生的误差。在体育测量过程中，影响抽样误差大小的主要因素有变量本身的离散程度、样本的大小和抽样方法三个方面。其一，如果该变量本身的离散度就很大，那么所抽取的样本统计量（如均数、标准差等）的波动也就比较大。其二，样本量的大小。如果样本量大，含有总体的信息量也越多，和总体之间的偏差也就自然会缩小。一般而言，样本越大，则抽样误差就越小，样本代表总体的正确性也就越高。其三，抽样方法。无论采用何种抽样方法，从总体中抽取的样本统计量与总体参数总是不完全一致，这是因为个体之间的差异是客观存在的。即使采用了随机抽样，也仍然无法避免样本统计量与总体参数之间的差别。由此可见，严格遵守抽样原则，在条件允许的情况下尽可能扩大样本含量，提高样本对总体的代表性是减少抽样误差的有效措施。

3. 指标误差

由指标真值推测属性的过程，目的就是要了解受试对象的某种属性，而属性一般是不能直接得到的，需要人们借助某些测量指标对受试对象的属性进行推测。例如，以立定跳远（指标）成绩来推测下肢爆发力（属性），即使该受试对象的立定跳远真正水平（指标真值）为2.65m，也未必能完全反映该受试对象的下肢爆发力。通过指标真值去推测属性的过程，其误差大小主要决定于指标能否真实地反映待测属性。如果测量指标中含有非待测属性的因素较多，那么该过程的测量误差较大。所以，这一过程的误差主要来源于测量指标，又被称为指标误差。

4. 系统误差

系统误差是指实测过程中，由于测量仪器、设备等未能校正至测试要求，或对测量条件掌握的过宽或过严，使得测量结果出现规律性的偏大或偏小而产生的一种误差。如测量血压用的血压计、测量身高、体重用的身高体重仪等，若在测试前未校正到零位，就会使得测量值与实际值不相符合。又如体育场地、器材由于建造、安装、调试等原因，而使场地、器材达不到规范的测试标准等。系统误差是一个常量，不能通过扩大样本来消除。这类误差产生的原因虽然是多方面的，但只要我们能及时发现，就能排除系统所造成的误差。另外，提高测试者的责任心，加强对仪器、设备的检查，严格执行标准化测量，是降低系统误差的有效办法。

5. 过失误差

过失误差是指由于测试者的过失所造成的误差。如测量过程中，测试者对仪器、设备使用不当或错误使用，而使测量结果出现误差，或读错数据，或记错数字等。如在记录成绩时，由于笔误，将学生或运动员100m11.3s的成绩写成了13.1s，或由于口误，将立定跳远5.6m的成绩错读为6.5m。过失误差会影响到原始资料的准确性，消除过失误差的办法主要是加强测试人员的责任心和测试现场的监督检查，并严格执行测试的验收制。为避免因过失误差而得出错误的统计结论，在对测试数据进行最后的整理分析时，要对数据进行认真的检查与鉴别，舍弃异常数据。

（三）测量数据的搜集与整理

1. 测量数据的整理

按照测量设计的要求收集数据时，为了确保数据资料的准确性和完整性，对收集到的大量测量数据必须进行整理。在体育测量中所获取得的测量数据均为原始的数据资料，这种原始的数据资料一般都是无序的，这就要求我们通过归纳整理后，使无序变为有序，并使之呈现出一种规律性。

（1）整理数据资料的原则。整理数据资料的原则是体育测量中整理数据资料时必须遵守的法则和标准。在实际测量过程中，我们所搜集到的原始数据资料比较繁杂，这就需要对所搜集到的数据进行清理、审核、归顺以供查考和调用。就其整理的原则而言，主要有以下2个方面：①分门别类。将混杂、堆砌状态的原始测量数据按其性质和作用进行归类。②绘制图表。将有关数据资料载入设计的示意图和统计表之中，使之简明扼要，一目了然。

（2）整理数据资料的方法。在体育测量学中，常用的测量数据整理方法有频数分布法、分组法、指数法等。本节重点介绍频数分布法在测量数据整理中的应用。频数分布表是进行数理统计的常用表格。频数是指在一次测试过程中某事件发生的次数。

频数分布表的编制步骤：

①求极差（全距）。在全部测量值中，最大值与最小值之差的极差，用R表示。本例中最大值为55，最小值为

$R=X_{max} - X_{min}$

$R=55 - 20=35$

②确定组数与组距。分多少组要视具体情况而定。本例N=30，R=35，若分为9组（K=9），每组间的组距为：

$$I= \frac{R}{K} = \frac{35}{9} =3.8=4$$

为了计算方便，把计算结果按四舍五入原则变为整数，因此 $I=4$。

③确定组限。组限一般由最小测量值向最大测量值由上到下排列。在每一组中，数值小者为下限，数值大者为上限。但最后一组必须包含该测量数据的最大值。本例中，最小值为20，加上组距 I 为它的上限，第一组的下限为20，其上限为20+4=24，第二组的下限就为24，上限则为28。以此类推，得出各组组限为20—，24—，28—，32—，36—，40—，44—，48—，52—共9组。

④列频数分布表（如表4-1所示）

表4-1　30名学生仰卧起坐测量成绩频数分布表

分组	划记	频数	累计频数
20—	//	2	2
24—	/	1	3
28—	//	2	5
32—	/////	5	11
36—	///////	7	17
40—	//////	6	23
44—	////	4	27
48—	//	2	29
52—	/	1	30

2. 测量资料的统计图表

（1）测量资料统计表的设计与绘制。测量资料统计表是由表格列和行的排列将有关数据之间的统计指标和基本含义以及数量关系明确而精练地表示出来的一种应用形式。它是表达测试工作中有关指标数量化关系的十分重要而又简明扼要的实用工具之一。测量资料统计表的设计原则是：科学实用、直观形象、层次分明、简单明了。它的基本构成内容是：①标题，即表的名称。根据测量内容用简明扼要的语言表达出来。标题置于表格的上方。②标目，即表格的项目。用以表明表格内数字的含义，分纵向与横向两种。③线条，分顶线、横线和底线。

（2）测量资料统计图的设计与绘制。根据测量资料所绘制的图称为统计图。统计图具有具体、形象、直观和便于记忆的特点，由点、线、面、体等图形在直角坐标系上构成。其基本内容有：①图题。即图的序号和标题，在图的下方。②图目。即绘在图形基线上的类别、时间、空间等统计数字的标目。③图尺。即用来计量数值的标尺。④图形。即图的主体部分，包括图形的基线与边框线。⑤图注。即有关图的注释说明部分。

测量资料统计图设计的原则与要求：①根据研究的目的和资料的性质选择适宜的图形。②要有标题和概括说明资料的内容。③条图、线图都要有横轴、纵轴。用等距标明计量单位。④比较不同事物时，用不同的线条或颜色表示，要有图例说明。

常用测量资料统计图的类型：条形图、曲线图、圆形图和直方图等。

常用测量资料统计图的绘制方法：条形图是以若干宽度相等的直方条的长短来描述不同属性资料的对比关系的统计图（如图4-1所示）。常用的有单式条形图和复式条形图等。

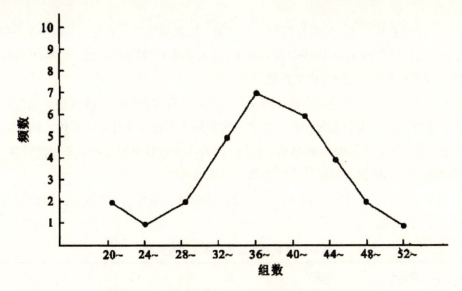

图4-1　30名学生仰卧起坐测量成绩条形图（复式）

（四）测量数据的可靠性检验

测量的可靠性（即信度）是指同一批受试者在相同测量条件下，采用相同的测量手段重复进行测量时，其检测结果的一致性程度。《学生体质健康标准》所采用的均是受技术因素和主观因素影响较小，且重复测试结果一致程度较高的测试项目。从理论上讲，在相同条件下（受试者本身不发生变化），对同一受试者进行两次测量，应该得到相同的测试结果。然而，即使是最严格地保证标准化的测量条件，使用最精密的仪器，测量结果也会存在一定误差。这种误差的大小在很大程度上决定了测量的可靠性的高低。如果测试者没有熟练掌握测量方法、技巧和要领，或使用了不合格的仪器，或受试者不配合，或测试项目本身的技术要求较高等，都会降低测量的可靠性。例如立定跳远，需要准确地踏在起跳线后才能取得好成绩，如果碰了起跳线或过了线都属犯规，不能计量成绩，如果离起跳线很远起跳，则影响了跳远的成绩。相比之下，握力就不存在上述问题，可以说握力这一测试项目比立定跳远的可靠性高。为了保证测量的可靠性，《国家学生体质健康标准》里没有设置受技术因素影响较大的测试项目。

体质测量中，常用于估价测量可靠性的方法有：①积差相关法；②裂半法。

1. 积差相关法

在测量条件不变的情况下，某一指标的两次重复测量结果相关系数的大小可以反映测量误差的大小，因此，这个相关系数的大小与可靠性的高低是一致的，在这种情况下，采用积差相关法可以估价这个测量方法可靠性的高低。积差相关公式如下：

$$r = \frac{N\sum XY - (\sum X)(\sum Y)}{\sqrt{\left[(\sum X^2) - (\sum Y)^2\right]\left[N(\sum Y^2) - (\sum Y)^2\right]}}$$

式中：r 为测量可靠性，N 为样本数，X 为第一次测量结果，Y 为第二次测量结果。

在 excel 统计软件或 Spss 软件中有 Pears0n 相关系数计算功能。也可以利用具有双变量统计功能计算器计算 Pears0n 相关系数。

应用这种方法时，首先要观察前后两次测量值有无规律性的增大或减小，也就是说，是不是存在系统误差，若有系统误差存在就不宜使用积差相关法计算可靠性。因为系统误差不影响计算结果，可靠性就会被高估。另外，在样本个数较少时也不宜采用此计算方法，因存在抽样误差，当数据过少时计算结果也会出现偶然性。

例：对某系 8 名男生实施身高—体重测量，其测量成绩如表 4-2 所示，用积差相关法估价其测量的可靠性。

表 4-2　8 名男生身高一体重测量成结

受试者	身高X	体重Y	X2	Y2	XY
A	166	62.6	27556	3919	10391.6
B	172	74.0	29584	5476	12728
C	176	72.9	30976	5314	12830.4
D	191	72.6	36481	5271	13867
E	182	78.9	33124	6225	14359.8
F	176	69.7	30976	4858	12267
G	182	77.4	33124	5991	14087
H	168	68.1	28224	4638	11441
Σ	∑X=1413	∑Y=576.2	∑X2=250045	∑Y2=41692	∑XY=101971.8

计算步骤：

（1）列表计算统计量（如表 4-2 所示）。

（2）代入积差相关公式

$$r = \frac{8\times101971.8 - 1413\times576.2}{\sqrt{(8\times250045 - 1413\times1413)\ (8\times41692 - 576.2\times576.2)}} = 0.67$$

由计算可知，测量可靠性系数，r=0.67。证明 8 名学生身高—体重测量有一定的可靠性。

2. 裂半法

裂半法多用于一致可靠性的计算。它主要适用于估价由多次测量组成的一组测量的可靠性。该方法要求测量次数为偶数。计算时，将测量结果分为奇、偶次数相等的两半，并将奇、偶测量次数的总和用积差相关法计算出半个测量长度的可靠性系数，然后将半个可靠性系数代入裂半公式计算整个测量长度的可靠性。裂半法公式为：

$$r_{1.1} = 2\left(r_{1/1\cdot1/2}\right) / \left(1 + r_{1/1\cdot1/2}\right)$$

式中：$r_{1.1}$ 为全长测量可靠性系数；$r_{1/1·1/2}$ 为裂半测量可靠性。

例：对某系 5 名学生实施 6 次握力测量（每次测量按左右手交替进行），测量数据见表 4-4。试估价其测量的可靠性。

计算步骤：

（1）列表计算奇、偶次成绩总和（如表 4-3 所示）。

表 4-3　5 名学生握力测量成绩表

受试者 N=5	握力次数						奇数次 （X）	偶数次 （Y）
	1	2	3	4	5	6		
A	47	49	46	48	47	67	140	144
B	46	45	47	47	46	48	139	140
C	55	57	56	55	59	57	170	169
D	48	47	49	49	47	49	144	145
E	57	56	58	57	55	58	170	171

（2）列表计算裂半测量可靠性（如表 4-4 所示）。

表 4-4　5 名学生握力测量成绩表

N=5	X	Y	X2	Y2	XY
A	140	144	19600	20736	20160
B	139	140	19326	19600	19460
C	170	169	28900	28561	28730
D	144	145	20736	21025	20880
E	170	171	28900	29241	29070
Σ	X=763	Y=769	X2=117462	Y2=119663	XY=11830

$$r_{1/1·1/2}=\frac{5\times118300-763\times769}{\sqrt{(5\times117462-763\times763)\quad(5\times119633-769\times769)}}=0.79$$

$$r_{1/1}=\frac{2\times0.79}{1+0.79}=0.88$$

经计算，本例测量可靠性系数为 0.84，测量的可靠性很高。

这种方法是 PearsOn 相关法与斯—布公式的结合应用，此方法同样不能适合有系统误差测量结果可靠性的计算，与 PearsOn 相关法一样，需要对奇数次和偶数次和的相关系数做显著性检验。另外，重复测量的次数必须是偶数倍。

3. 可靠性分析中应注意的问题

第一，对于测量误差很小的测量数据，如使用常规、通用仪器进行的测量，可靠性一般很高，没有必要计算可靠性。

第二，指标类型不同时，可靠性判断的标准和要求也应有所区别。如对于定量测量，可靠性一般比较高，判别标准要求较高。对于定性测量，可靠性水平一般比较低，判别标准亦应低些。

第三，对于没有量化过程的问卷调查，由于它不符合测量特征，故不存在可靠性问题。

4.影响测量可靠性的因素

影响可靠性的因素来自多方面。从理论上讲，影响可靠性的因素主要来自测量的随机误差和抽样误差。也就是说，既有来自测量本身方面的，也有来自受试者方面的。为此，我们将影响可靠性的因素归纳为以下几点。

（1）测量误差。影响可靠性的因素较多，但测量误差是影响可靠性的直接因素。测量误差越大则可靠性就越低；反之，则可靠性越高。所以，在体质测量的实施过程中，尽可能地减少或避免测量误差，是提高测量可靠性的最有效办法。

（2）受试者的个体差异及能力水平。在体质测量实践中，若一组受试者的个体差异程度较大，其测量的可靠性系数也将随着差异的不同程度而呈现出偏高或偏低的估价。受试者的能力与水平也是影响测量可靠性的主要因素之一。因为在体育技术的测量中，某一运动技术测量对于掌握技术水平较高的受试者来说，其测量的可靠性也较高，而对于技术水平较低的受试者来说，则测量的可靠性就会较低。

（3）重复测量的时间间隔。对机能素质和身体素质的一些指标进行重复测量时，由于测量指标和测量的时间间隔不同，会使可靠性发生一定的变化。例如，某一指标在同一天内多次重复测量的变化不大，而间隔一段时间后再进行测量时，其数据有可能发生较大的变化。如果将一天内的重复测量用作多日间隔测量可靠性的话，其可靠性系数则有高估的倾向，因它只能反映一天内重复测量的波动情况。若将间隔几日的重复测量结果，用来估价一天内重复测量的可靠性的话，又会出现可靠性系数低估的倾向。所以，实施测量一再测量的时间间隔对测量的可靠性会产生一定的影响。

（4）测量的长度。测量的可靠性系数随测量长度（组数、次数）增加呈提高趋势。斯一布公式也证明，随着重复测量次数增加，测量的可靠性提高。但在体育测量中，许多测验由于受人体生理极限限制和心理作用，通过增加测量长度提高测量可靠性就往往会受到限制。

（5）测验的类型与容量。测验的类型不同，可靠性系数的高低也会不一样。体质测量中，一些定量指标（高度、远度、力量、耐力等）测量的可靠性较高，而定性指标（如心理因素、社会适应能力等）测量的可靠性则相对较低。所以，对于不同指标类型测量的可靠性应规定不同的使用水平。测验容量的大小，对测量可靠性的高低有着直接的影响。一般而言，在相同的测量条件下，增加测验的容量，可以提高测量的可靠性。但当容量达到一定的限度后，再增加容量对可靠性的影响并不显著。因此，测验容量过大或过小都会影响测量可靠性。

（五）测量数据的有效性检验

测量的有效性（即效度）指某一测量指标、手段在测量某一特性时所具有的效果及准确程度。也就是说我们想测量的和所测量到的是否一致。例如我们想测量受试者短距离跑的速度，一般采用 50m 跑，其有效性是很高的。如果用 50m 跑测量受试者的耐力有效性就低，甚至可以说是无效的。《国家学生体质健康标准》所采用的评价标准有很强的针对性，是针对身体形态、身体机能或身体素质中的某一方面的有效评价，能够有效地测出学生在该方面的特性。可靠性和有效性两者之间紧密联系，不可分割。一个可靠的测量项目不一定有效，但凡是有效的测量项目一定是可靠的。例如用 50m 跑测量耐力时，能较好地体现可靠性原则，但却不能很好地体现有效性；如果用 50m 跑测量速度，它是很有效的，也是很可靠的。

1. 逻辑分析法

逻辑分析法对内容有效性和结构有效性来说，是一种较为简便易行的估价方法。它的依据是科学的专业知识，以及长期从实践工作中总结出来的科学的实践经验。内容有效性和结构有效性均以逻辑推理判断分析的角度来看待所选择的测量对总体属性的代表性程度，以能反映总体属性为宜。由此可见，逻辑分析法对估价内容有效性和结构有效性是最为适宜的。

2. 积差相关法

积差相关法常用于效标有效性的计算。以计算结果与所选择效标之间的相关系数的大小来确定有效性的高低。该方法在测量的可靠性中已作解释。

3. 等级相关法

等级相关法是一种不涉及变量分布形态和样本含量的非参数统计方法。所选的效标为顺序量表时，可使用等级相关法进行有效性的计算。在一些以测试结果名次作为效标的运动项目中，常用等级相关法计算有效性的高低。如球类测试、身体形态测试、身体素质测试、身体机能测试等。该方法对于计数数据和计量数据均适用，并且也适用于难以判断总体属于什么分布的数据资料，尤其适用于某些指标不便准确测量，只能以名次先后的方式定出等级或次序的资料。其计算公式为：

$$r = 1 - \frac{6 \sum D^2}{N(N^2 - 1)}$$

式中：r 为等级相关系数；D 为两组变量对应的等级之差；N 为样本含量。

例：某系 10 名女生身高与体重两项测量成绩如表 4-5 所示，试用等级相关检验其有效性系数。

表 4-5　10 名女生身高与体重测量成绩统计表（身高：cm　体重：kg）

编号	身高 X	体重 Y	等级		等级差 D=X−Y	D2
			X	Y		
1	172.0	59.1	1	1	−3	9
2	171.5	66.5	2	2	1	1
3	171.4	59.0	3	3	−2	4
4	167.8	59.3	4	4	1	1
5	167.0	60.1	5	5	3	9
6	164.8	53.0	6	6	−3	9
7	164.0	56.2	7	7	0	0
8	162.3	57.9	8	8	2	4
9	162.1	55.5	9	9	1	1
10	160.6	49.8	10	10	0	0
						$\sum D^2=38$

（1）定等级。将两项测试成绩按从小到大的顺序定出等级，先将其中的一项按等级大小排列好，因为一个人的两项成绩必须排列在一起，所以另一项成绩就不能按大小排列了。

（2）若遇相同数值时，则应将相应的等级求平均数。因本例没有相同的测量数据，可直接按数据的大小排列顺序。

（3）计算每对测量值的等级差 D、D^2 和 $\sum D^2$。

（4）将计算值代入公式：

$$r = 1 - \frac{6 \times 38}{10 \times (10^2 - 1)} = 0.77$$

经计算，身高和体重两项成绩的有效性系数为 0.77，两个项目测量有相关性。

4.影响测量有效性的因素

（1）测量的可靠性。一项有效性高的测量，可靠性也一定较高。如果某项测量的可靠性本身就不够理想的话，其测量的有效性也一定不会很高。因为一项测量有效性系数的最大值等于这项测量可靠性系数的平方根，也就是说，测量的有效性被它的可靠性所限制。由此可见，测量的可靠性是有效性的必要前提，我们在检查测量的有效性时，首先要对测量指标本身的可靠性进行检查。只有这样才能使测量的有效性得到提高。

（2）样本含量及代表性。样本是指从被测试的总体中按一定法则抽出的一部分个体所组成的小群体单位。样本含量则是样本中所包含的个体数，通常用字母"N"表示。在统计学中，凡样本个数在30（N≥30）以上的定为大样本，样本个数少于或等于30（N≤30）的则定为小样本。但确切的划分样本含量应相对于总体的大小而言。一般而言，样本含量越大不仅可以提高对总体的代表性，而且可使随机误差减小，使得测量的可靠性得到提高。由于扩大了样本含量，个体差异范围增大，测量的有效性也随之得到了提高。除样本含量对有效性会产生影响外，抽样办法也是很重要的，坚持随机抽样原则是提高样本对总体代表性的最有效的办法。

（3）效标的选择。效标有效性是以所选择的测量指标与效标之间的关联程度来检验被测事物是否有效或有效程度高低的。所以说，效标的选择是一个重要方面。假若所选效标不当，或所选效标无法量化，就很难正确地估计出测量的实证效度，如果效标及效标测量都合乎要求，则公式的选择是影响效度估计的另一重要方面。体育测量的实践活动中，既有选择最佳体育成绩作为效标的，也有选择平均成绩作为效标的。无论选择哪种作为效标，都会对有效性产生影响。所以，效标的选择应视测量指标的特点、测量目的与要求等具体情况而定，选择适宜的且可靠性高的效标，可以提高测量的有效性。

（4）测量的区分度与难度。测量的区分度是对受试者个体差程度的分辨能力。区分度越高，有效性也就越高，而区分度的高低取决于测验的难度，测验难度过高或过低都会影响区分度，均会对测量的有效性做出过高或过低的估价。所以，在体育测量过程中，选择适宜的测验难度，不仅可使测量对个体区分程度达到要求，同时也是提高测量有效性的重要方法。

二、体质测量方法设计

体质测量方法是选择或编制体育测量的方式、程序的规划和构想。体质测量方法的设计有为检查教学或训练效果而设计的测量和为体育科学研究的需要而设计的测量。

测量方法设计一般分为两种基本形式：①根据测量的目的、任务及所要测量的主要内容而选择或编制新的测验与实验；②对已有的并被实践证实是有效的各种测验和实验，有针对性地作进一步的筛选和改编。体育测量方法的设计有为检查教学或训练效果而设计的测量和为体育科学研究的需要而设计的测量。

体质测量方法设计的一般原则为：①测量必须符合科学性，即可靠性、有效性、客观性、经济性和标准化；②测量必须符合研究对象的特点，即与研究对象的身体训练水平和运动技术水平相适应；③测验和实验的方法要有很强的鉴别性，可以鉴别出研究对象相互间的细微差异；④在设计成套测量方案时，既要注意与总体特性相关，又要注意每个指标间的关系以便于合理筛选；⑤尽可能选择客观统一的计量单位和记录方法。

体质测量方法设计的步骤为：①收集、整理、分析有关资料，确定测量目的；②设计测量方法和选定测量指标；③通过预测结果，分析论证测量方法设计方案。

三、体质测量指标选择的基本要求

（1）符合测量的目的，能有效地测出所要测量的特性。

（2）N量的程序和方法必须规范化，测量指标要能进行定量分析。

（3）测量指标受技术因素和主观因素的影响较小，重复测量结果的一致性程度较高。

（4）测量数据能反映个体差异，不同阶段测量结果能准确反映出体质的动态变化。

（5）测量指标必须符合受试对象的特点，所选指标既要能适应年龄、性别特征，又要使之尽可能一致，以便进行纵向和横向的比较研究。

（6）尽可能选取国际上通用的测量指标，以便于研究和比较的标准化。

（7）测量方法尽可能科学合理、简易可行。

（8）测量内容要有较强的代表性，并能全面反映受试者的体质状况。

（9）测量的程序和方法规范化，测量的结果能准确定量（客观性）。我国地域辽阔，各地的发展水平不同，为了保证不论谁进行测量，都能够得到可靠的数据。

（10）适合受试者的能力。所选指标既能适应年龄、性别特征，又使之尽可能一致，以便进行纵向和横向研究；测量数据能反映个体差异，不同阶段测量结果能准确反映出体质的动态变化（鉴别能力）。

（11）简易可行，测试项目少而精，又能基本上全面反映体质的状况（可操作性）。

第二节　体质测量内容与评定

体质可以综合反映某个群体或个人在某个时期内身体发育、生理机能等的基本状况和发展变化趋势，因此，国民体质的增强不仅为国家发展提供了丰富的人力资源，而且也从另一个侧面反映了国家社会和经济等方面的变化。为此，了解国民体质与健康的动态变化特征和规律，不仅可以为国家职能部门制定相应的人口政策提供科学的依据，同时也可以为不同时期国民体质状况的测量、评价与研究确定方向。体质测量内容与评定主要从以下三个方面进行，即形态、机能和身体素质。①身体形态类指标：身高、体重、身体成分（体脂率）；②身体机能类指标：肺活量、骨密度；③身体素质类指标：力量、柔韧、灵敏、速度等。与传统的体检不同，体质测试是通过运用专业的体质测试设备，对受测人员的心肺功能、肌肉力量、柔韧度、耐力、爆发力、敏捷度等指标进行综合测量和评定，以量化形式反映受测人员的体质状况。

一、身体形态测量与评定

身体形态测量，是定量化研究人体外部特征的重要方法。包括观察和计量两个过程，属于前者的有姿势的观测，属于后者的有身高、体重和胸围等指标的测量。其测量获得的数据资料在许多的专业领域中均有实用价值。它是研究人体的生长发育规律、体质水平、营养状况和运动员选材不可少的方法手段。同时，对运动能力、身体素质、运动技术和身体机能等方面的研究，也可提供大量有价值的信息。根据"国际体力测定标准化委员会"（ICPFY）提出的方案，以及国内外许多教科书，概括起来，身体形态的测量内容主要有体格测量、身体成分测量和身体姿势的测量等。另外，本章还介绍了骨龄的测量及利用骨龄来预测身高的方法，为运动选材、研究人体生长发育规律提供一定的依据。

（一）身体形态测量概述

形态测量时，使用精密的测量仪器，按照规定的姿势和测量点定位，使用标准化的测量方法，严格遵守形态测量的各项规则施测，是获得准确测量数据资料的前提。

1. 正确的测试姿势

测量时要强调受试者采取正确的姿势，因为不正确的姿势会影响测点定位和测量的结果。姿势正确与否主要取决于头部、脊柱和骨盆的位置是否正确。正确的姿势应是：从侧面观察，由头到足的一条垂线，应由耳屏前通过肩峰、股骨大转子后边及膝、踝关节之前直达地面，即上述五个点应在一条垂线上。从后面观察：头部端正，脊柱成一条直线，两肩齐平。从前面观察：两眼平视前方，两侧耳屏上缘和眼眶下缘中点之间的连线呈同一水平面，左右髂前上棘的连线与身体的长轴互成直角。直立姿势是人体测量的基本姿势。国际人类学会曾规定：活体测量除个别特殊项目外，一律采用直立姿势。一般规定 3 岁以内取卧位姿势，3 岁以上取直立姿势。卧位时脊柱及四肢关节的伸展度、骨盆倾斜度及肋骨的位置都发生变化，致使直立与卧位时的测量值相差 2—3cm。但在测量坐高或头部时应取坐位姿势。

2. 身体主要测量点

在人体形态测量中，必须按照人体测量的规范特点与人体形态结构的关系，给予人体各部位标准的解剖学姿势位置进行准确的定位。标准的解剖姿势是身体直立、两眼平视、两脚并拢、足尖向前、两上肢垂直于躯干两侧、手掌相对。常用于人体形态测量的定位术语有正中面和正中线、上与下、前与后、内侧与外侧、近端与远端、矢状面、额状面、水平面、矢状轴、额状轴、垂盲轴等。实施测量时，只有严格按照人体形态的定位进行测试，才能获得准确的测量数据。

人体形态的基本测量点是根据人体的骨性标志、皮肤皱褶、皮肤的特殊结构以及肌性标志而确定的主要测量位置。体育测量中，常用的人体主要测量点有头顶点、耳屏点、眶下点、颏下点、胸上点、胸中点、胸下点、脐点、耻骨联合点、乳头点、颈点、肩峰点、茎突点、指尖点、髂嵴点、髂前上棘点、大转子点、胫骨点、内踝点、跟点、趾尖点等。

3. 身体形态测量注意事项

身体形态测量时，应注意做到以下基本要求。

（1）受试者须知：①身体测量时除头部及坐高取坐姿外，其他一律取直立姿势，并注意保持耳眼水平位（即左右耳屏点与眶下点在同一水平面）。②男性受试者着装为上身裸露，下身着短裤，赤足；女性为上身着背心，下身着短裤，赤足。③测试前受试者应排便排尿。

（2）测试者须知：①在未提出特定测量要求时，一般测量受试者的右侧肢体。②测量仪器要保持清洁，测量前必须检验校正测量仪器。在经过一定人数的测量后，必须随时校正仪器，保证测量的精度。③掌握测量方法，熟悉测量点。要求精度较高的小样本测量时，可由专人在受试者身上标出测量点，以提高测量的准确性。身高、体重等易受时间因素影响的指标，一般在上午 10 时左右测量为宜。④在测量仪器读数时，测试者的视线应垂直于测量仪器上的标度部分，不可斜视，避免产生测量误差。⑤测量长、宽、围度时，以厘米为单位；皮脂厚度以毫米为单位；体重以千克为单位。测量与记录一般取小数点后一位。⑥测量中，应注意尽量减少测量误差。身高及较长身体部位测量误差不得超过 0.5 厘米，其余肢体环节长度的测量误差不得超过 0.2 厘米，体重测量误差不得超过 0.1 千克。

（二）身体形态测量内容与评价

形态是反映人体外表结构和生长发育水平的重要指标。这些指标包括身高、坐高、体重、胸围、肩宽、骨盆宽、臂围、上肢长、下肢长、腰围等。在国民体质健康研究中是测量与评价的主要指标。

1. 人体形态测量内容与评价标准

（1）身高。身高是指人体直立时支撑面（身高计底板）至头顶点（身高计水平板）之间的垂直距离。身高是人体生长发育过程中一个反映人体骨骼发育状况、身体纵向发育水平的重要指标。据研究报道，一天内身高的变动在 1.5cm 左右。清晨起床时最高，夜晚最低，这是由于经过一天的活动，椎间盘被压缩，椎体间隙变小，同时由于肌肉和韧带的疲劳，使脊柱的弯曲度增加，足弓变浅等原因致使身高变矮，经过睡眠身高又复原。因此测量身高要考虑上述因素的影响，一般应在清晨或上午测量身高为宜。

测量仪器为标准的身高计立柱进行检测。测量单位为厘米（cm），精确到小数点后一位，其测量误差不得超过 0.5cm。

测量仪器：标准身高坐高计。测量误差不得超过 0.5cm。

测量方法：受试者赤足，以立正姿势站立于底板上，背靠身高坐高计，足跟、骶骨和两肩胛间与立柱接触，耳眼处水平位。测试者将水平压板下滑至头顶点，在两眼与压板呈水平位时读数并记录测量值。

注意事项：①身高坐高计应选择平坦靠墙的地方放置，立柱的刻度尺面向光源；②测量时，要特别注意足跟、骶骨和肩胛骨间紧靠立柱；③水平压板与头顶接触时，松紧要适度，有发髻者应放下。

（2）体重。体重是描述人体横向发育的指标，它在一定程度上能够反映人体骨骼、肌肉、皮下脂肪及内脏器官综合发育状况。一般而言，体重与身体横断面积的发育成正比，与肌肉量成正比。体重的增加，表示肌肉量、肌力的增长和营养状况的改善。因此，人类形态学把体重作为反映人体长、围、宽、厚度发育状况的重要整体指标。

测量体重仪器为标准体重计。检测时，被测者只准穿薄短裤（女性加一乳罩），排尽大小便，身体保持平稳直立于体重计（秤台）中央。测量单位千克（kg），精确到小数点后一位，其测量误差不得超过 0.1kg。

测量仪器：标准体重计，误差不超过 0.1%。

测量方法：受试者赤足、身着薄衣裤站立于体重计中央，测试者移动刻度尺稳定在水平位后读数并记录其重量值。

注意事项：①测量前预先检查仪器，要求衣着合格，讲解测试时的姿势；②测量时间最好在上午 10 点左右为宜；③每测 50 人后注意校正仪器的准确度，测试完毕要检查仪器，以备后用。

（3）身高标准体重（身高 / 体重）。据了解，我国学生的体重还有进一步增加的趋势，肥胖学生的比例将进一步增大，肥胖将会成为影响学生体质健康的主要因素之一，对学生进行这方面的教育已经刻不容缓。针对这一状况，《标准》规定从小学到大学都要进行身高、体重的测试，采用身高标准体重评价学生身体的匀称度，间接反映学生的身体成分肥胖状况，引导学生关注自己的身体形态和肥胖状况。身高标准体重是指身高与体重两者的比例应在正常的范围。它通过身高与体重一定的比例关系，反映人体的围度、宽度和厚度以及人体的密度。身高标准体重是评价人体形态发育水平和营养状况及身体匀称度的重要指标。它可以间接地反映人体的身体成分，其测量方法简便易行。如果所测得的身高标准体重数值小于或大于同年龄段的身高标准体重的范围，就说明身体的匀称度欠佳，需要通过调整饮食结构或积极参加体育运动来增加肌肉组织或减少体内多余的脂肪。

过去对身高和体重采用的是单一指标分别评价的方法，这种评价难以反映学生生长发育的匀称度及相关关系。也有用指数法进行评价的，如体重（kg）/ 身高（m），但这种方法在评价处于生长发育中的儿童青少年时，不够准确。身高标准体重是将身高和体重综合起来，以每厘米身高的体重分布，确定学生的体形匀称度，可反映学生是营养不良、正常体重，还是超重和肥胖。它以大规模调查的统计数据为依据，采用了以学生的每厘米身高为单位，利用标准差，增减间距为 lcm，以 Z（读 rui）离差法方式制定了对身高、体重进行综合评价的评分表。评价该指标时，身高的单位为厘米（cm），测试时保留 1 位小数；体重的单位为千克（kg），测量时保留 1 位小数，然后用测试值直接查表评分。这种方法的优点是直接查表就可以判断学生体形的匀称度，而且可以知道学生体重是否超重，超了多少千克；是否体重过轻后营养不良，轻了多少千克。该指标对于学生形成正确的身体形态观具有非常直观的教育作用。

（4）坐高。坐高指坐位姿势时头顶点至座板平面之间的垂直距离。

测量仪器为标准身高坐高计。测量时，被测者端坐在身高坐高计底板上，头正，躯干挺直紧靠立柱，测量单位为厘米（cm），精确到小数点后一位，测量误差不得超过 0.5cm。

测量仪器：标准身高坐高计。

测量方法：受试者端坐在身高坐高计底板上，头正，躯干挺直紧靠立柱。测试者将水平压板下滑至受试者头顶点，在两眼与压板呈水平位时读数并记录测量值。

注意事项：①注意骶骨部和肩胛骨间紧靠支柱并坐直；②其他注意事项同身高的测量。

（5）骨盆宽。人体形态指标之一。骨盆宽为骨盆左右两端髂嵴外缘突出点之间的直线距离。反映人体骨盆的发育情况，在运动员选材中有着重要的意义。测量时，被测者自然站立，两腿并拢，检测者面对被测者用测径规的两脚端分别置于骨盆左右两髂骨嵴外缘计取其最宽部距离。测量单位为厘米（cm），精确到小数点后一位，测量误差不得超过 0.5cm。

测量仪器：同肩宽。

测量方法：受试者两腿并拢成自然站立姿势，测量者面对受试者用弯脚规（或直脚规）置于骨盆左右髂骨外缘，计量其水平直线距离。

注意事项：体重应均匀落在两脚上，避免骨盆倾斜。

（6）胸围。胸围是人体宽度和围度最有代表性的指标。胸围的大小反映胸廓的大小和呼吸器官、胸部肌肉和脂肪的发育情况。在一定程度上反映了人体呼吸器官生长发育和生理变化的情况。同人体身高、体重指标一样受到各种客观因素的影响，尤其是体育锻炼和运动训练的影响。长期坚持体育运动的人其胸围比一般人要大 5% 以上。测量时，分两种情况：①在人体青春发育期前被测男、女均裸露上体，自然站立，平静呼吸，检测者将软带尺上缘置于背部肩胛骨下角，在胸部则将软带尺下缘置于乳头上进行计量；②在人体青春发育期后，男子同以上方法测量；女子则可戴胸罩，将软带尺置于背部两肩胛骨下角，胸部置于乳头上缘进行计量。通常只测受测者的静气围（即平静时呼气末而吸气尚未开始时的胸围大小）。在体育测量中往往因某种需要有时也测受测者的吸气围（即最大深吸气终末的胸围大小）和呼气围（即最大深呼气终末的胸围大小）。测量单位为厘米（cm），精确到小数点后一位，测量误差不得超过 1cm。

测量仪器：软带尺，每米误差不得超过 0.2cm。

测量方法：受试者自然站立，平静呼吸，测量者面对受试者，双手将带尺上缘平齐背部肩胛骨下角下缘，带尺平贴背部，向两侧经腋窝水平绕至胸前，计量其绕行一周的读数。

注意事项：①受试者不得低头、耸肩、呼气；②测试人员应注意带尺松紧适度；③应有一人在受试者背后协助测试人员将带尺围定于肩胛下角下缘，以防下滑，并注意观察带尺是否呈水平。

（7）腰围。腰围亦称"腹围"，是反映脂肪总量和脂肪分布的重要指标，主要反映腹壁肌和腹部脂肪的情况。当腹壁肌肉紧张度降低或腹部脂肪堆积过多时腰围会增加，保持适当的腰围，对大学生的体质和健康有重要意义。测量时，被测者自然站立，检测者将检测软带尺置于脐上，以水平位绕腰腹一周，取其自然呼吸时的计量值，测量单位为厘米（cm），精确到小数点后一位，测量误差不得超过 0.5cm。

测量仪器：软带尺，每米误差不得超过 0.2cm。

测量方法：受试者自然站立，测量者将带尺置于受试者脐上，以水平位绕腹一周，取其自然呼吸时的计量值。

2. 身体形态测量指数

人体形态评价方法有两种：一是直接用测量获得数据进行绝对值的评价；二是将测量数据转换为指数而进行相对值的评价。所谓指数，是根据测试指标的相互关系，借助数学公式将两项或两项以上的指标结合为某种相对指标。在人体形态评价中，形态指数是被广泛运用的评价方法。因为形态指数不仅考虑了人体各部分的比例和相互间的内在关系，把两项或两项以上指标的测量值按照一定的数学方法计算出相对值，而且用形态指数进行身体发育水平评价时，可使不同年龄、性别、地区和种族的个体或群体之间的评价建立在对等条件和同一客观尺度的基础上，比使用绝对值更能反映他们之间的差异，使相互之间的比较更具有科学性。用形态指数进行形态评价的步骤为：①计算出形态指数；②采用离差法、百分位数法对形态指数划分等级，并制定出评价标准。

制定评价标准时应考虑以下几个方面的问题：①年龄、性别特点，对生长发育期的儿童少年应按类别和年龄分别制定评价标准；②种族差异，由于各种族之间存在显著差异，国外一些评价标准不宜直接引用对中国人进行评价；③不同的形态指数应有不同的判断标准，不是所有的指数对任何年龄和性别的被评价者都是越高越优秀。因此，在评价时应作具体分析，以保证形态评价的正确性。下面介绍一些常用的形态指数评价方法与标准。

（1）克托莱指数。亦称"体重—身高指数"或"肥胖指数"。在人类学研究和人体测量与评价中被广泛应用。它表示每 1cm 身高的体重，作为一个相对体重或等长体重来反映人体的围度、宽度、厚度以及人体组织的密度。它是评价人体形态发育水平和匀称度的重要复合指标。

计算公式：$\dfrac{\text{体重（kg）}+\text{胸围（cm）}}{\text{身高（cm）}} \times 100$

该指数主要反映人体的长、宽、围、厚度和密度，并与心肺功能有密切关系。

（2）身体质量指数（BMI），是现今用来定义超重与肥胖使用最广泛的方法。超重及肥胖是通过 BMI 定义的。它主要用于统计研究。当我们需要比较分析一个人的体重对于不同高度的人所带来的健康影响时，BMI 值是一个中立而可靠的指标。

计算公式：体质指数（BMI）$= \left(\dfrac{\text{体重（kg）}}{\text{身高（m）}}\right)^{2}$

（3）比胸围指数。人体测量复合指标之一，是重要的人体形态指数。它主要通过人体自身的胸围与身高之比，或胸围减去二分之一的身高之值来反映胸廓的围度相对比值用以衡量其发育水平。在体质综合评价中具有一定参考作用。

计算公式：$\dfrac{\text{胸围（cm）}}{\text{身高（cm）}}$

（三）身体成分测量内容与评价

身体成分测量包括对人体所含脂肪、水和固体成分（蛋白质、矿物质和碳水化合物）等三大组成部分的测量与评价。在体育测量中，身体成分测量主要是对人体脂肪的检测和计量，对于水和固体成分的测量通常由运动医学进行检测和分析。

身体成分测量方法，可分为直接测量法和间接测量法两大类。直接测量法，主要用于尸体解剖分析人体脂肪的含量；间接测量法，主要用于活体脂肪成分的检测计量。在身体成分测量中，间接测量法比较可靠和适用，因此在体质测量中得到广泛应用。这里主要介绍间接测量法中通常所用的皮褶厚度法。

皮褶就是贮存于皮下的脂肪组织。皮下脂肪与身体总脂肪量成一定比例，通过测量皮下脂肪的厚度，不仅可以判断人体的胖瘦情况，而且还可以用所测的皮褶厚度推测全身脂肪的重量。皮褶厚度法简便易行，仪器轻便容易携带，适宜于群体测量。具体方法是：首先用皮褶厚度计测量身体某些部位的皮褶厚度，再根据日本学者长岭提出的体密度推算回归方程计算体密度，最后计算体脂百分比、体脂重和瘦体重。

测量仪器：皮褶厚度计（压强在 $109/N/m^2$，测量前将校验码挂于钳口，将指针调至红色标记刻度的 15—25mm 范围内。每次测试前将指针调至零点。

测量方法：受试者自然站立，暴露身体测量部位。测试者选准测量点，用左手拇指和食指、中指将皮下脂肪捏起，右手持皮褶厚度计将卡钳张开，卡在捏起部位下方约 1cm 处，待指针停稳，立刻读数并记录。测量三次取中间值或中间两次相同的值。测量单位为毫米（mm），测量误差不得超过 5%，保留一位小数。

测量部位：

（1）上臂部：肩峰与上臂后面鹰嘴连线的中点。皮褶走向与肱骨平行。

（2）肩胛下部：肩胛骨下角点下约 1cm 处。皮褶走向与脊柱成 45° 角，方向斜下。

（3）腹部：脐水平线与锁骨中线相交处。皮褶走向水平。

二、身体机能测量与评定

身体机能是指人的整体及其组成的各系统、器官表现的生命活动。在体育测量学中，身体机能测量的目的，就是应用人体机能测试和医学检查方法来检测与计量人体在安静时和做定量运动负荷时机体主要器官系统机能水平的状况，并对所获取的各种生理机能指标做出客观的评价。身体机能的测量和评价是了解其机能特征、评价运动训练效果、判断运动性疲劳、实施训练监控以及预防运动损的重要手段和方法，具有重要的理论和实践意义。

不同年龄、不同性别的个体具有不同的机能特征，即使同一个体在不同的状态下有不同的机能表现。因此，在测量和评价身体机能时，只有树立全面、综合、动态的点，坚持定性化、定量化和综合性的原则，科学、合理地选择测试指标和方法，对所取的各种机能信息给予客观的评价，才能获取准确、全面和客观的机能信息。通常，身体机能的测量和评价是以安静状态、定量负荷状态、最大负荷状态以及复过程中生理、生化水平及其变化为依据，并结合运动成绩等指标对其进行全面的分析和诊断。安静状态的机能水平，可反映长期运动训练使人体各种机能所产生的适应性特征；定量负荷下机体机能的变化特征，反映机体对运动负荷的适应能力，常以机体的机能节省化为其表现特点；最大负荷运动过程中机体所表现的最大机能能力，则反映机体的最大机能潜力。对于不同的个体而言，由于其运动目的不同，因而运动效果具有不同的含义。群众性体育运动往往以增进健康为目的，因而运动效果主要体现为身体健康质量，即体质；而竞技体育则是以提高运动成绩为目的，运动效果更多地表现为训练水平的高低，即训练程度。因此，在评价身体机能和运动训练效果时，应根据不同个体的特点、项目和运动目的，选择相应的评价指标和方法。其测量可分为循环机能、呼吸机能和感觉机能三个方面。这里仅介绍体育测量学中常用的测试项目。

（一）循环机能测量内容与评价

循环系统是由心脏和血管组成的闭锁管道。它的功能反映一个人的发育水平、体质状况和运动训练的水平。对心血管系统的机能做出较全面的评价，应当测量在相对安静状态、定量负荷状态及最大负荷状态下的机能反应（即三态反应）。因为在安静状态下，普通人和经常锻炼者或运动员的心脏机能表现无显著差异，只有在承担强度较大的负荷时，才能表现出明显的差异。测试心血管机能好坏，一般采用定量负荷的方法。

台阶试验是一项定量负荷机能试验，是反映人体心血管系统功能状态的重要指标，也可以间接推断机体的耐力。台阶试验指数越大，反映心血管系统的机能水平越高。心血管系统的功能反映一个人的身体发育水平和体育锻炼水平，是维持人体正常生命活动的保证。经常进行长跑、足球、篮球、游泳等项目的锻炼，能够使心血管系统的机能明显得到改善，提高体质健康水平。具体表现为运动性心脏增大，每搏输出量增多，心搏徐缓和血压降低；在完成定量负荷时，能够迅速动员心血管系统进行活动，以满足运动的需要；运动后恢复期短，能够很快恢复到安静状态的水平，因此，经常参加体育锻炼，尤其是耐力项目的锻炼能改善心肺功能和提高台阶试验的水平。也就是说经常参加体育锻炼，尤其是耐力项目的锻炼能改善心肺功能，加快运动后心率的恢复，提高台阶试验的水平。《学生体质健康标准》所使用的评分表中台阶试验是整数，因此计算台阶试验指数时只保留整数进行评分。

台阶试验是人体测量复合指标，为重要的人体心血管机能指数。该试验通过有节律的登台阶运动持续时间（秒）与规定的脉搏次数之比值来量化评定心血管的机能水平，较之静态的心血管机能检查更有实用价值。指数越大，说明心血管机能水平越高。在体育运动中，因训练水平高，心血管机能强的人在完成定量负荷工作时表现为心跳次数少，脉搏频率低，由此可客观地了解和评定心血管机能工作状况和工作效率。

测试仪器：电子台阶试验仪，台阶高度为：男子 50cm，女子 42cm。

测试方法：受试者站立在台阶前方，按照节拍器（测试仪含此节拍器）发出的 30 次分频率的提示音上下台阶。即从预备姿势开始，当听到第一声响时，一只脚踏在台子上，第 2 声响时踏台腿伸直，另一只脚跟上台上站立，第 3 声响时，先踏上台的脚下来，第 4 声响时，另一只脚下地还原成预备姿势。在测试中采用 2 秒上、下踏台一次的速度，连续做 3 分钟。运动完毕后，令受试者都立刻静坐在椅子上，将测试仪的指脉夹夹在受试者的中指前方，测试仪将自动采集受试者的三次脉搏数。整个测试结束后将运动时间及三次心率值填入卡片。如果受试者在运动中坚持不下去或跟不上上、下台阶频率三次者，测试人员应立即停止受试者运动，同时按下功能键，然后以同样方法测取脉搏数并记录。人工测试脉搏的方法：测试运动停止后 1 分到 1 分半钟、2 分到 2 分半钟、3 分到 3 分半钟的三次脉搏数。

计算公式为：台阶指数 $= \dfrac{\text{运动持续时间（秒）} \times 100}{(f_1 + f_2 + f_3) \times 2}$

注意事项：

（1）受试者必须严格按照节拍器的节奏完成上、下台阶的运动。

（2）受试者在每次登上台阶时，姿势要正确，腿必须伸直，尤其是膝关节不得弯曲。

（3）测试人员必须严格按照测试方法的要求准时、准确地记录三次 30 秒的脉搏数。

（4）受试者在测试前不得从事任何剧烈活动。心脏功能不良或有不同程度心脏疾患者，不能进行此项测试。

（5）测试人员在仪器测试脉搏时应经常用手号脉，与测试仪器进行对比，如果 10 次脉搏误差超过两次的可视为仪器不准，及时改用人工测试方法。

（二）呼吸机能测量内容与评价

呼吸系统的主要功能是与外界进行气体交换，排除二氧化碳，吸入氧气。人体需氧量取决于身体生理状态，运动强度增大时需氧量相应地发生改变，安静时每分钟需氧量 200—300ml，剧烈运动时每分钟需氧量可以增加 20 倍以上。人的摄氧能力有一定限度，一般用最大摄氧量衡量。在体质健康测量中，对呼吸机能的测量与评价主要是肺活量。

肺活量是指在不限时间的情况下，一次最大吸气后再尽最大力量所呼出的气体量。它是反映人体生长发育水平的重要机能指标之一。肺活量因性别和年龄而异，男性明显高于女性。在 20 岁前，肺活量随着年龄增长而逐渐增大，20 岁后增加量就并不明显。体育锻炼可以明显地提高肺活量，如中长跑运动员和游泳运动员的肺活量可达 6000ml 以上。为了鼓励学生积极参加长跑等耐力锻炼，改善心血管和呼吸系统的功能，《学生体质健康标准》将肺活量的测试列为必测项目。肺活量的大小与身高、体重、胸围的关系密切，故在评价时应充分考虑这些因素对肺活量大小产生的影响，因此，在对学生进行评分时采用了肺活量体重指数来进行评价。

《国家学生体质健康标准》规定计算肺活量—体重指数时，肺活量的单位为毫升（ml），测试时保留整数；体重的单位为千克（kg），测试时保留 1 位小数，计算出指数后，舍去小数，用整数查表评分。例如肺活量指数为 58.6，按 58 查表评分。

1. 肺活量测量

肺活量是指一个人全力吸气后所呼出的最大气量。肺活量是一种常用的反映呼吸机能的指标，它和身高、体重、胸围成正相关。一般情况下，体重和胸围大的人，肺活量也大。

肺活量的测试方法：使用仪器回转式肺活量计。读数精确至 20mL。使用时将温度计插入温度计夹内，观察水温后，将游标温度指示器调至与水温度数相一致的地方。仪器误差每 5000 不超过 150。吹气与放气时注意阀门的使用方法，手柄竖起即放气，手柄拨向一侧即可吹气，筒内水位应与筒内水线下缘呈水平。测量方法如下：被测者取站立位，测量前做一两次扩胸动作或深呼吸。然后尽力深吸气，吸满气后憋住气再向肺活量计的口嘴内尽力深呼气，直到不能再呼气为止。待回转筒停稳后，按照游标指示器所指的一点进行肺活量读数。吹气时的速度要适当，不要过快过猛，防止气体从嘴与吹气口嘴交接处漏出。呼气时若感到从鼻孔漏气，可捏住鼻子。每人测量 3 次，每次间隔一定时间，3 次读数均记录，最后选最大记录。测量时以毫升为单位，精确到十位数。

测量仪器：肺活量计（0—10000ml）。

注意事项：①肺活量计，使用前必须进行检验，仪器误差不得超过 2%。②测试前应向受试者讲解测试方法和动作要领，并做示范。受试者可试吹一次。③受试者吸气和呼气均应充分，呼气不可过猛，防止因呼吸不充分、漏气，特别要防止用鼻子反复吸气影响测试结果。④测试必须用一次性吹嘴。如果解决确有困难，对重复使用的吹嘴，使用前需进行严格消毒。⑤对个别始终不能掌握要领的受试者，要在记录数字旁注明，不予统计。

2. 肺活量评价

（1）肺活量单一评价（采用百分位数法），其评价标准，如表 4-6 所示。

（2）肺活量指数评定法。肺活量是评价人体呼吸系统机能状况的一个重要指标。科学家指出：肺活量低的人难以与肺活量高的人一样同享高寿。肺活量的大小与体重、身高、胸同等因素有着密切的关系。因此，为了将学生身体发育的不同步因素在肺脏机能的评价中得以体现，在《国家学生体质健康标准》测试中选用了肺活量—体重指数。

$$肺活量体重指数 = \frac{肺活量（ml）}{体重（kg）}$$

指数评定是利用各种有关指数来综合评价人体生长发育水平与机能水平的一种方法。它可有效地弥补单一指标评定时带来的局限性。在体质健康测试中常用的指数评定法有：肺活量—体重指数。人体测量复合指标之一，为重要的人体呼吸机能指数。它主要通过人体自身的肺活量与体重的比值，亦即每 1kg 体重的肺活量的相对值来反映肺活量与体重的相关程度，用以对不同年龄、性别的个体与群体进行客观的定量比较分析。在有关氧代谢项目类运动员选材和学生体质综合评价中具有一定参考价值。肺活量—体重指数评价标准，如表 4-7 所示。

表 4-6　我国青少年肺活量／身高指数平均值（ml/cm）

	小学生 7—12（岁）	中学生 13—15（岁）	高中生 16—18（岁）	大学生 19—25（岁）
男子 女子	11.1—15.1 10.1—14.1	16.3—19.8 15.0—16.6	21.2—23.2 17.0—17.6	23.9—24.3 18.0—18.2

表 4-7　我国青少年肺活量，体重指数平均值（ml/cm）

	小学生 7—12（岁）	中学生 13—15（岁）	高中生 16—18（岁）	大学生 19—25（岁）
男子 女子	63.2—65.2 59.5—59.1	64.6—66.5 57.8—56.3	67.6—69.8 55.8—55.1	70.2—70.6 55.8—56.5

（三）感觉机能测量内容与评价

各种感觉能力的发展是运动技能形成的重要因素。具有较高的肌肉运动和平衡的差别感受性，可促进动作技能的掌握，正确地形成用力感觉，改变提高绝对阈限和差别阈限的能力，加快对各种感觉的适应能力，以便最大限度地发挥人体知觉选择性的能动作用。体育运动中，人体完成各种动作或改变身体姿势，都是通过本体感受器产生兴奋经传入神经到大脑皮层引起的运动感觉，再经传出神经到效应器引起肌肉运动。因此，各种感觉能力的发展是动作技能形成的重要因素。感觉机能根据刺激物所作用的感官的性质，可分为外部感觉和内部感觉两种。外部感觉接受外部刺激并反映它们的属性，如听觉、皮肤感觉等；内部感觉是反映身体各部分运动变化的感觉，如运动觉、平衡觉、机体觉等。通过感觉机能的测量，可使学生或运动员体验到在身体练习中如何更快地掌握运动技术，提高对动作技术练习的质量与效果。

测量目的：测验受试者单脚支撑维持平衡的能力。

场地器材：闭眼单脚站立测试仪。

测量方法：将受试者蒙上双眼，用两个重量相同的量杯（R），同时放在受试者的手掌中，令其将量杯抬举 3 次，使受试者感觉到两手中量杯重量相等后，在此基础重量上用水或砝码不断增加或减少任一量杯中的重量，同时询问受试者的感觉，直至得到最小的 △R 值。记录下 R 和 △R 的数值，代入公式计算重量感觉的相对辨别阈值。在减少重量时，不能使量杯中的重量少于 30g。增加或减少重量应反复测量，排除猜测的因素才能得到准确的 △R 值。

计算方法：重量感觉机能，可以用重量感觉的相对辨别阈值来衡量，公式如下。

$$重量感觉相对辨别阈值 = \frac{(\Delta R)}{R}$$

式中：ΔR 为辨别感觉差异所需刺激的最小变量；R 为基本刺激强度

评价方法：取 2 次测试中的最佳值为测验成绩。

评价标准：如表 4-8 所示。

表 4-8　闭眼单脚站立测验评价标准（单位：s）

性别	年龄（岁）	P₁₀	P₂₅	P₅₀	P₇₅	P₉₀	P₉₇
	20—24	6.0	13.0	27.0	59.0	99.0	150.0
	25—29	5.0	11.0	24.0	49.0	86.0	143.0
	30—34	5.0	10.0	20.0	42.0	75.0	125.0
男	35—39	4.0	9.0	18.0	38.0	69.9	117.0
	40—44	4.0	8.0	15.0	29.0	55.0	92.0
	45—49	4.0	7.0	13.0	25.0	48.0	80.0
	50—54	3.0	6.0	11.0	21.0	40.0	71.0
	55—	3.0	5.0	10.0	19.0	34.0	61.0
	20—24	6.0	12.0	25.0	53.0	97.0	150.0
	25—29	5.0	10.0	22.0	46.0	84.4	148.0
	30—34	5.0	9.0	19.0	40.0	73.0	128.0
女	35—39	4.0	8.0	16.0	32.0	63.0	111.0
	40—44	4.0	6.0	13.0	25.0	46.0	78.0
	45—49	3.0	5.0	11.0	22.0	40.0	70.0
	50—55	3.0	5.0	9.0	18.0	34.0	66.0
	55—	3.0	5.0	8.0	15.0	27.0	52.0

三、身体素质测量与评定

身体素质是人的体能状态的反映，是指人体在运动、工作和生活中所表现出来的力量、速度、耐力、灵敏性、平衡性及柔韧性等能力。所以，通过对身体素质的测定和评价，可以客观地反映体育健身的效果，同时也可以根据自身的体能不足寻找相应的健身锻炼对策。

人体在运动、生产活动中所表现出来的速度、力量、耐力、灵敏和柔韧以及功率、脂肪、身体姿势等总称为身体素质。

（一）速度素质测量内容与评价

速度素质是指人体快速运动的能力，其表现形式有反应速度、位移速度及动作速度。

反应速度是指人体对各种刺激做出反应的快慢；动作速度指完成单个或成套动作的快慢；位移速度指人体通过一定距离所需时间的长短。人类最基本的运动形式，如跑、跳、投等都要求具有良好的速度作为前提。所以，速度素质是人体重要的身体素质指标之一，它对体育锻炼、竞技运动及体质监测等都具有特殊的意义。目前常以 100m 内的短距离跑成绩作为衡量速度素质的主要指标。

1. 反应速度测量与评价

反应速度是指人体对各种信号刺激（如声、光等）的快速应答能力。这种能力取决于信号通过神经传导所需时间的长短。体质测量中常用于测量反应速度的项目主要是选择反应时。

场地器材：电子反应时测试仪。

方法要求：受试者坐桌边，测试臂放松平放在桌子上，手指伸出桌边约8—10cm，大拇指与食指间距不超过2.5cm，大拇指与食指在上缘呈同一水平，做好准备。测试人员捏住尺子的上端，置尺下端于受试者拇指与食指之间（不要碰到手指），尺子的点基线与拇指上缘呈同一水平。受试者两眼凝视反应尺的下端，不得看测试人员的手，听到"预备"口令后，视尺子下落时急速将尺子捏住，记录大拇指上缘尺子的刻度。测试5次，去掉最高值和最低值，计算中间3次的平均值。记录以秒为单位，取两位小数，第三位小数四舍五入。

注意事项：（1）要在能使受试者注意力集中的环境中测试。（2）正式测试前要练习3—4次。（3）几次测试，喊"预备"后到落尺的间隔时间要多变化，应保持在1.5秒至2秒左右。（4）发现受试者有明显的预抓动作，该次无效。

评价标准如表4-9、表4-10所示。

表4-9　选择反应时1（秒）

性别	年龄（岁）	P_{10}	P_{25}	P_{50}	P_{75}	P_{90}	P_{97}
男	20—24	0.38	0.41	0.46	0.52	0.60	0.69
	25—29	0.38	0.42	0.47	0.54	0.62	0.73
	30—34	0.40	0.43	0.49	0.56	0.65	0.76
	35—39	0.40	0.45	0.50	0.57	0.66	0.78
	40—44	0.41	0.46	0.52	0.61	0.69	0.84
	45—49	0.42	0.47	0.54	0.63	0.72	0.86
	50—54	0.43	0.49	0.56	0.65	0.76	0.90
	55—	0.44	0.50	0.59	0.68	0.79	0.93
女	20—24	0.40	0.44	0.49	0.57	0.66	0.79
	25—29	0.41	0.45	0.51	0.59	0.68	0.82
	30—34	0.42	0.47	0.53	0.61	0.70	0.86
	35—39	0.43	0.47	0.54	0.62	0.73	0.86
	40—44	0.43	0.48	0.56	0.65	0.75	0.90
	45—49	0.44	0.50	0.58	0.68	0.80	0.94
	50—55	0.45	0.51	0.60	0.70	0.84	0.96
	55—	0.47	0.54	0.62	0.72	0.87	0.97

表 4-10 选择反应时 2（秒）

性别	年龄（岁）	P10	P25	P50	P75	P90	P97
男	20—24	0.21	0.23	0.26	0.29	0.34	0.43
	25—29	0.21	0.23	0.27	0.30	0.35	0.45
	30—34	0.22	0.24	0.27	0.31	0.37	0.47
	35—39	0.22	0.24	0.28	0.31	0.38	0.48
	40—44	0.22	0.25	0.28	0.33	0.42	0.54
	45—49	0.23	0.26	0.29	0.34	0.43	0.56
	50—54	0.23	0.26	0.30	0.36	0.46	0.59
	55—	0.24	0.27	0.30	0.38	0.48	0.60
女	20—24	0.21	0.23	0.27	0.30	0.37	0.49
	25—29	0.22	0.24	0.28	0.31	0.38	0.50
	30—34	0.22	0.24	0.28	0.32	0.40	0.51
	35—39	0.22	0.25	0.29	0.33	0.41	0.51
	40—44	0.23	0.26	0.29	0.35	0.45	0.58
	45—49	0.24	0.27	0.30	0.38	0.49	0.63
	50—55	0.24	0.27	0.31	0.40	0.50	0.64
	55—	0.24	0.28	0.32	0.41	0.51	0.66

2. 位移速度测量与评价

（1）50m 跑

50m 跑是国际上通用的位移速度测试项目，通过较短距离的高强度跑测试速度素质。速度素质的测试可以反映人体中枢神经系统的机能状态和神经与肌肉的调节机能，也可以综合地反映人体的爆发力、灵敏、反映、柔韧等素质。速度素质有明显的性别和年龄差异。男性在 20 岁前、女性在 18 岁前一般是随着年龄增长而提高。体重过大或肥胖都会影响速度。《学生体质健康标准》中 50m 跑的测试和评价以秒为单位，保留 1 位小数，小数点后第二位数非"0"时则进 1。例如 9.01s，按 9.1S 查表评分。

场地器材：在平坦的地面上，画若干条长 50m 的跑道（跑道宽：1.22 ~ 1.25m），地质不限，但需平坦。准备秒表、发令枪（或旗）及口哨等。

方法与要求：受试者至少二人一组，用站立式或蹲踞式起跑快速跑至终点。计时员见到起跑信号开表，当受试者的躯干到达终点线垂直面的瞬间停表，以 1/10s 为单位记录成绩，取最好成绩。评价标准如表 4-11 所示。

表 4-11　50m 跑评价标准（秒）

性别		优		良		及格		不及格
		20分	17分	16分	15分	13分	12分	10分
小学五、六年级	男	64以下	63—58	57—49	48—40	39—36	35—24	23以下
	女	57以下	8.7—8.9	9.0—9.4	9.5—9.9	10.0—10.2	10.3—11.2	11.3以上
初中一年级	男	73以下	7.6—7.8	7.9—8.3	8.4—8.8	8.9—9.1	9.2—10.0	10.1以上
	女	59以下	8.4—8.7	8.8—9.1	9.2—9.6	9.7—9.9	10.0—10.8	10.9以上
初中二年级	男	77以下	7.4—7.6	7.7—8.0	8.1—8.5	8.6—8.8	8.9—9.9	10.0以上
	女	58以下	8.5—8.7	8.8—9.1	9.2—9.8	9.9—10.1	10.2—11.4	11.5以上
初中三年级	男	79以下	7.1—7.3	7.4—7.6	7.7—8.1	8.2—8.3	8.4—8.9	9.0以上
	女	60以下	8.4—8.6	8.7—9.0	9.1—9.4	9.5—9.7	9.8—10.6	10.7以上
高中一年级	男	77以下	6.9—7.0	7.1—7.3	7.4—7.6	7.7—7.8	7.9—8.4	8.5以上
	女	61以下	8.3—8.5	8.6—8.9	9.0—9.4	9.5—9.6	9.7—10.6	10.7以上
高中二年级	男	81以下	6.7—6.9	7.0—7.2	7.3—7.4	7.5—7.6	7.7—8.2	8.3以上
	女	62以下	8.2—8.4	8.5—8.8	8.9—9.2	9.3—9.4	9.5—10.3	10.4以上
高中二年级	男	81以下	6.7—6.8	6.9—7.1	7.2—7.4	7.5—7.6	7.7—8.4	8.5以上
	女	59以下	8.2—8.4	8.5—8.8	8.9—9.2	9.3—9.5	9.6—10.0	10.1以上
大学	男	75以下	6.9—7.0	7.1—7.3	7.4—7.7	7.8—8.0	8.1—8.4	8.5以上
	女	57以下	8.4—8.7	8.8—9.1	9.2—9.6	9.7—9.8	9.9—11.0	11.1以上

（2）50m×4 往返跑

50m×8 往返跑是我国小学生耐力素质的测试指标。

场地器材：在平坦的地面上并列画若干条长 50m 的跑道，每条跑道的宽应大于 2m。并在跑道的起点线和终点线内 0.5m 处各立一根高于 1.2m 的标志杆在跑道的中间，作为折返的标志。另外，准备发令旗、哨子、秒表（误差不得超过 0.2s·min－1 等）。

测试方法和要求：根据跑道的数量，将受试者若干人分为一组。用站立式起跑，往返绕杆跑 8 次计时。对低年级小学生应事前讲明注意分配体力。

注意事项：受试者应一律穿平底鞋跑，不许穿钉鞋跑。若出现抢跑、串道、用手推倒标志杆等违例情况，可令受试者重测。

3. 速度素质测量注意事项

（1）同属性的速度测量不能互相取代。

（2）速度测量时，要求受试者穿运动鞋。位移速度的测量，受试者不得穿钉鞋。

（3）加强安全措施，以防受试者发生伤害事故。

（二）力量素质测量内容与评价

力量是肌肉紧张或收缩时所表现的一种机能能力，通常以肌肉收缩时所做的功或功率来表示。力量（肌力）是保证人体完成各种简单或复杂运动的主要素质。体育测量中一般将力量素质分为等张性力量和等长性力量两大类。

（1）等张性力量是指当肌肉的一端被固定进行收缩时，其长度缩短，张力不变而产生的力量。如推铅球、举重等。

（2）等长性力量是指当肌肉处于两端被固定的情况下进行收缩时，其长度不变，张力增大而产生的力量。如支撑、悬垂等。

体育测量中对力量的测量一般分为相对力量和绝对力量两种测量形式。相对力量是指人体每千克体重所表现出来的最大力量值的能力。它是以受试者在测验中所承受的负荷量与自身体重之比作为成绩的一种测量方法。如背肌力测验等。绝对力量则以受试者在测验中所承受的最大负荷作为成绩的一种测量形式。如测力计、举重等。

《学生体质健康标准》在小学五、六年级，初中、高中、大学都设置了握力的测试，这是一个新设置的测试项目，用于反映被测者的力量素质。过去我们测试上肢力量一般采用引体向上，可是近年来，有的学生无论怎样练习，连一个引体向上都拉不上去。从某种程度上说，引体向上这一指标区分度较差，测试引体向上对于促进学生积极锻炼已经失去意义。但是力量素质又十分重要，而且有研究表明一个人的握力与其全身力量密切相关，所以《学生体质健康标准》中将握力列入测试项目。此外，还有研究表明握力能够间接反映一个人的健康状况，握力增长或维持在较高的水平时，健康状况就好，握力下降时健康状况就不好。握力与体重的大小有关，身材魁梧的学生与瘦小的学生相比，握力有着很大的差异，为了公平起见，采用了握力体重指数进行评分。

$$握力体重指数 = \frac{握力}{体重} \times 100$$

《学生体质健康标准》规定计算握力体重指数时，握力的单位为千克（kg），测试时保留 1 位小数，体重的单位为千克（kg），测试时保留 1 位小数。计算出指数后，舍去小数，用整数查表评分。例如计算的指数为 58.6，按 58 查表评分。

1. 握力

握力主要反映前臂及手部肌群的静力性力量，目的是测量受试者手部肌肉的抓握能力。

场地器材：根据不同的受试对象，选用相应型号的指针式握力计（大、中、小型）。

测试方法和要求：根据受试者手掌的大小，调节握力计握把的间距，至感觉合适为宜。受试者一手持握力计尽力抓握，左、右手各测两次。要求身体保持正直，双臂自然垂于体侧。每次抓握后，记录读数（kg），并使指针回零（图4—8）。分别取左、右手两次测验中的最大值，除以自身体重，以其商为成绩。如不考虑体重因素时，该测验可作为绝对力量测量。

注意事项：用力时不允许屈臂、挥臂、弯腰或者持握力计的手接触身体的其他部位。

评价方法：每次抓握后，记录握力计指针读数（kg）。

（1）握力单一评价（百分位数）。

（2）握力指数评价。握力体重指数反映的是肌肉的相对力量，即每千克体重的握力。握力主要反映人前臂和手部肌肉的力量，同时也与其他肌群的力量有关，而且还是反映肌肉总体力量的一个很好的指标。

握力体重指数 = 握力（kg）/45 重（kg）× 100

2. 背肌力

测量意义：主要反映受试者背部肌肉的力量。

适用对象：适用于 6 岁至成年人。

测量三性：可靠性为 0.95，客观性为 0.99，内容有效性可接受。

测量仪器：电子背力计或背肌拉力计。

测量方法：受试者两脚分开约 15cm，直立在背力计的底盘上，两臂和两手伸直下垂于同侧大腿的前面。测试人员调背力计拉链的长度，使背力计握柄与受试者两手指尖接触。或将背力计握柄的高度调至恰使受试者上体前倾 30° 的位置。测试时，受试者两臂伸直，掌心向内紧握握柄，两腿伸直，上体绷直抬头，尽全力上拉背力计。以"kg（千克）"为单位记录成绩，精确至 0.1kg。测 2 次，取最佳成绩。

测量要求：肘、膝关节保持伸直，用力不得过猛，测验 2 次。

评价方法：记录背力计指针的读数（kg），相对力量取最好值除以自身体重所得商为成绩，不考虑体重，则为绝对力量测量。

评价标准如表 4-12 所示。

表 4-12　背肌力量测验评价标准

性别	年龄（岁）	P_{10}	P_{25}	P_{50}	P_{75}	P_{90}	P_{97}
男	20—24	99.0	113.0	128.8	145.0	161.9	180.0
	25—29	103.0	117.0	133.0	150.0	167.0	187.0
	30—34	103.0	118.0	134.0	151.0	168.8	189.0
	35—	101.0	117.0	133.0	150.0	167.0	188.0
女	20—24	48.0	59.0	71.0	83.0	94.0	109.0
	25—29	50.0	61.5	73.0	85.0	96.0	110.0
	30—34	51.1	63.0	75.0	87.0	98.0	111.0
	35—	53.0	64.0	76.0	88.0	101.0	115.0

3. 屈膝仰卧起坐

仰卧起坐是腹部肌肉力量的测试指标，进行 1min 仰卧起坐测试的目的是测量学生的腰腹肌力量和耐力。尤其是女生的腰腹肌力量对她们将来在生育等方面有着十分重要的作用。通过仰卧起坐的测试，促使她们在青少年时期积极地发展腰腹肌力量。

场地器材：体操垫若干块。

测量方法和要求：受试者仰卧于垫上，两膝稍分开，屈膝成90度。两手指交叉贴于脑后。另一同伴压住受试者的踝关节。起坐时，以两肘触及或超过两膝为完成一次。仰卧时，两肩胛必须触垫。测 1min（中途允许停顿），计量受试者正确完成动作的次数。

注意事项：

（1）如发现受试者借用肘部撑垫或臀部上挺的力量完成起坐时，不记入成绩。

（2）测试过程中，测试人员或负责计数人员要随时向受试者报告完成的次数。

（3）受测者双脚必须放于垫上，并由同伴固定。

评价方法：1min 仰卧起坐的次数越多，则受试者腹肌力量和耐力就越强。中国 7—22 岁学生 1min 仰卧起坐测验的统计值如表 4-13 所示。

表 4-13　中国 7—22 岁学生 1min 仰卧起坐统计值

年龄（岁）	男生		女生	
	n（人）	$\bar{x} \pm s$（次）	n（人）	$\bar{x} \pm s$（次）
7	6575	19.30 ± 8.90	6315	17.50 ± 9.00
8	6534	22.30 ± 9.20	6063	19.80 ± 9.50
9	6671	25.10 ± 9.50	6375	22.70 ± 9.90
10	6855	27.20 ± 9.60	6151	24.30 ± 9.90
11	6766	29.30 ± 9.70	6401	26.10 ± 9.70
12	7302	30.40 ± 9.60	6901	26.10 ± 9.70
13	6901	33.50 ± 9.70	6751	27.20 ± 9.60
14	6837	35.20 ± 9.30	6698	27.20 ± 9.60
15	7237	37.10 ± 8.70	6958	29.10 ± 9.20
16	6958	38.00 ± 8.40	6781	29.70 ± 9.10
17	6730	38.50 ± 8.60	6519	30.30 ± 9.30
18	5515	38.50 ± 8.70	4749	30.90 ± 9.40
19—22	9433	36.90 ± 8.20	8612	31.80 ± 9.10

4. 力量素质测量注意事项

（1）在做负重测量时，要根据受试者的身体情况，选择适当的重量，避免负荷过重或负荷过轻而导致测量无效。

（2）测量前，受试者应做好充分的准备活动，加强安全保护措施，要经常检查器械，以免受伤。

（3）在使用留针式仪器时，每次测试后切记指针拨回"0"。每测 100 次应校对一次仪器，误差不得超过 0.5kg。

（三）耐力素质测量内容与评价

耐力素质是指人体在长时间运动中克服疲劳的能力。它是反映人体健康水平或体质强弱的重要标志。体育测量与评价中，耐力素质可分为一般耐力、速度耐力、力量耐力和静力性耐力四种类型。

根据耐力素质的特点，通常采用以下几种测量形式。

（1）定量计时：测量受试者完成特定动作或距离所需时间的方法。

（2）定时计量：测量受试者在单位时间内完成规定动作的次数或距离的方法。

（3）极限式测量：测量受试者竭力完成规定动作或距离的方法。

1. 耐力素质测量内容与方法

作为与台阶试验相对应的可选指标，特别是在广大农村地区，《学生体质健康标准》仍然在小学五、六年级设置 50m×8 往返跑、在初中以上年级设置 1000m 跑（男）、800m 跑（女）用以评价学生的心肺功能和耐力水平。对于没有参加过专业训练的学生来说，小学的 50m×8 往返跑、中学的 1000m 跑（男）、800m 跑（女）既测试有氧耐力，也测试无氧耐力的水平。由于耐力是衡量人的体质健康状况和劳动工作能力的基本因素之一，是从事各项运动必不可少的一种运动素质，因此测试耐力水平对于评价学生体质健康状况有着非常重要的意义。

（1）一般耐力测量。一般耐力测量主要有：男子，1500m 跑、1000m 跑，12rain 跑测验，长距离骑自行车；女子 800m 跑等。测试一般耐力是应注意受试者的能力水平，充分考虑受试者的年龄、运动经历、运动习惯等因素，以便选择合适的项目。

（2）速度耐力测量。速度耐力测量主要有 400m 跑、800m 跑等项目。测试速度耐力时也应注意受试者的能力水平，充分考虑受试者的年龄、运动经历、运动习惯等因素选择项目。评价时可参照各年龄段素质测试标准。

（3）力量耐力测量。①俯卧撑；②引体向上；③一分钟仰卧起坐；④坐蹲跳；⑤立卧撑；⑥双臂屈伸。

（4）静力耐力测量。静力耐力一般是用于测量那些肌肉在长时间进行静力性收缩的动作或姿势，如屈臂悬垂、马步、手倒立，等等。这类测验通常是以一个固定动作或姿势，并以其自身体重或另加一定重量的负荷进行测验的。测验成绩是记录受试者保持正确动作或姿势的时间。

2. 耐力测量的注意事项

（1）耐力测量对受试者的意志品质要求很高，许多测量（如力竭性测量）需要受试者全力配合。因此，测验时应做必要的宣传鼓动工作，以鼓励受试者尽力完成测验。但是，不要过分让其从事力所不及的测量，以免出危险。

（2）进行肌肉耐力测验时，每个测试者负责一名变试者的测验，并及时、明确指出错误动作，不计错误动作次数。

（3）耐力测验均测 1 次，测验后应嘱附受试者自行放松。

（4）测量前要对受试者进行全面的身体检查，保证受试者安全。

（5）以上介绍的肌肉耐力测验均可用定时计数的形式来测验,时间可选择30秒或1分钟。

（四）柔韧素质测量内容与评价

柔韧素质是指人体各关节的活动幅度范围,以及肌肉、肌腱、韧带等软组织跨过关节的弹性与伸展能力。柔韧素质的好坏,取决于关节的骨结构和关节周围软组织的体积大小以及韧带、肌腱、肌肉及皮肤的伸展性。柔韧性从其与专项的关系上,可分为一般柔韧性和专项柔韧性;从其运动状态的表现上,可分为动力性柔韧性和静力性柔韧性;从其练习的形式上,可分为主动柔韧性和被动柔韧性;从身体不同部位的表现上,可分为上、下肢柔韧性,腰部柔韧性,肩部柔韧性等。

柔韧素质的测量形式是由其分类所决定的。在体育实践活动中,对柔韧性的测量与评价,由于各专项的需要其测量与评价都有所侧重。一般而言,是根据各专项的实际情况采用多种形式柔韧性的综合性测量与评价方法。

1.柔韧素质测量内容与方法

体前屈是用于反映人体柔韧性的测试项目。柔韧性是指人体完成动作时,关节、肌肉、肌腱和韧带的伸展能力。柔韧素质的好坏,取决于关节的解剖结构和关节周围软组织的体积大小及韧带、肌腱、肌肉及皮肤的伸展性。柔韧素质与健康的关系极为密切,柔韧性的提高,对增强身体的协调能力,更好地发挥力量、速度等素质,提高技能和技术,防止运动创伤等都有积极的作用。通过体育锻炼能提高关节的灵活性,改善关节周围软组织的功能以及肌肉、韧带、肌腱的伸展性,而当人们缺乏体育锻炼,体质下降时很多都是从柔韧素质的下降开始的。

（1）立位体前屈。立位体前屈是柔韧性测试指标,目的是测量学生髋关节后侧韧带、肌腱和肌肉的伸展性。

场地器材:将有刻度的直尺垂直固定在测量台（或桌、凳）的一侧,直尺的"0"刻度与台面平齐。要求直尺向上有 20cm 长,向下有 30cm 长。

测验对象:小学至大学男女学生。

三性检验:可靠性为 0.90,有效性为 0.83,客观性为 0.96。

测量方法:受试者站在木凳上,足跟并拢,足尖自然分开,两腿伸直,上体前屈,两手触及刻度尺,中指尖尽量向下触摸。测验 3 次。

评价方法:记录受试者中指尖向下触摸的最大值为测验成绩（cm）。

（2）坐位体前屈。测试学生在静止状态下的身干、腰、髋等关节可能达到的活动幅度,主要反映这些部位关节、韧带和肌肉的伸展性和弹性及学生身体柔韧素质的发展水平。

测验对象:小学至大学男女学生。

三性检验:可靠性为 0.94,有效性为 0.88,客观性为 0.98。

场地器材:电子测试仪。

测试方法：受试者坐在连接于箱体的软垫上，两腿伸直，不可弯曲，脚跟并拢，脚尖分开 10—15 厘米，踩在测量计垂直平板上，两手并拢；两臂和手伸直，渐渐使上体前屈，用两手中指尖轻轻推动标尺上的游标前滑（不得有突然前伸动作），直到不能继续前伸时为止。测试计的脚蹬纵板内沿平面为 0 点，向内为负值，向前为正值。记录以厘米为单位，取小数点后一位。如为正值则在数值前加"+"符号，负值则加"—"符号。

注意：上体不得左右摆动，双手中指不得离开引尺。测验 3 次。

评价方法：记录量尺的读数为测验成绩（cm）。

2. 柔韧素质测量注意事项

（1）受试者在测量前要做好充分的准备活动。

（2）测量时动作不得过大、过猛，以免肌肉被拉伤。

（3）测试者应与受试者紧密配合，高标准、高质量地完成测量任务。

第三节　体质评价标准及使用

评价（evaluate）是判断和确定测量结果的价值及赋予其某种意义的过程。通过整理、分析测量获得的原始数据，参照一定的标准进行比较，来判断和确定测量结果价值的大小。评价是以测量的原始数据为基础，以参照标准为依据，通过一定的评价方法确定测量结果的应有价值。体育测量和评价是两个相互依存的概念，测量的目的在于获得各种需要的信息资料，即按照一定法则给受试个体属性指派数字，仅对事物的现状以数量的描述，而不管其有多大的价值。评价的目的超出了对事物现象的简单描述，主要在于确定测量结果的价值。测量与评价是密切联系的，因为评价过程中的价值判断是建立在测量为前提的基础之上，做出评价。

一、体质评价标准

体质评价是对照某些特定的评价标准对个体或群体的体质状况和水平进行判断的过程。体质测量的结果只能反映现实，通过定性或定量的评价后，才能对其现状的意义、价值和未来发展的趋势加以判断。评价实质上就是一种测定目标达到程度的过程。当前我国学校教育正在贯彻落实"健康第一"的指导思想，学校体育教学正在从"技能教学"向全面发展学生身心健康素质的教学方向转化，《学生体质健康标准》的评价就是要与体育教学目标保持一致，使评价有利于转变传统的体育教学思想、教学内容和教学手段并起到积极的导向作用。评价既是学生形成正确的体育意识和态度、实现"健康第一"教学目标的积极因素，又是产生心理压力、胆怯、退缩或放弃体育教育的消极因素。《国家学生体质健康标准》按照"健康第一"的指导思想并结合我国的国情，制定出科学、切实可行、操作性强的评价方法和指标体系，将评价所产生的消极因素尽量减少到最低限度，旨在培养学生形成终身追求健康的意识，促进学生形成正确的行为习惯和健康的生活方式。随着体质研究的不断深入和普及，在实践中根据需要制定、参照和使用有关体质评价的标准是异常丰富的。其常用的标准有：

（1）适用不同对象（不同地区、性别、年龄）的评价标准。

（2）评价个体和群体的不同标准。

（3）评价现状的相对评价标准和判断形式的理想标准。

（4）剖面式的静态评价标准和跟踪形式的动态评价标准。

（5）单一指标和多指标的综合评价标准。

总之，有关体质的评价标准，种类繁多，制定的方法各异。在制定、选择运用时，要根据使用或研究的目的、对象特征而合理地确定。切忌不分对象，在研究目的任务不明确的情况下乱用标准。为此，制定和选用体质评价标准时应注意如下几个问题。

第一，样本含量。规范化的评价标准，一般是在较大规模抽样调查研究的基础上制定的。既然是抽样调查，就会产生抽样误差。样本的数量越小，抽样误差就会越大，对总体的代表性也越差。所以，在制定评价标准时，必须考虑要有足够的样本数量和合理的样本分布。

第二，年龄特点和形态特征。机体能力随着年龄而变化，尤其是在生长发育阶段，年龄的特点就更加明显。各个年龄组之间，都存在着显著的差异。因此，必须充分考虑年龄特点，按年龄组分别制定不同的标准。年龄分组的方法有两种：一种是按日历年龄分组；另一种是按生物年龄分组（选材）。使用哪种分组方法，主要取决于评价的目的、任务和评价指标的特点。在儿童少年阶段，年龄组的划分要比成人细，一般可以一岁一个年龄组；在对青春发育期进行的科学研究中，采用的年龄分组一般不超过两个月；在要求特别精确的情况下，年龄组可减少到两个月。年龄以测试日期为准进行计算。

人体的形态特征与生理特征和运动能力有着十分密切的关系。例如，肺活量与体重、胸围和身高、最大摄氧量与体重、引体向上与体重等。因此，在评价这些能力、制定评价标准时，应尽量排除因体形差异对评价标准和评价结果产生的影响。用身体指数和分组指数制定的评价标准，就是以排除某些体格、体形的影响为基本出发点。

第三，地区和种族特点。由于人体受遗传、地理环境、区域经济发展水平和文化物质生活水平及不同地区种族的影响，人体的机能存在着显著的差异。因此，在制定使用评价标准时，必须结合本地区的实际情况和种族特点制定出切实可行的体质评价标准。若随意套用或生搬硬套，都将使评价结果毫无意义。

第四，适用范围：（1）标准是为一定的总体而制定的，因而在使用评价标准时必须适用于所研究对象的总体。（2）如果制定标准时的样本是从某一总体中随机抽取的，并以此作为该总体的标准，那么这个标准对于该总体中的任何一个个体也是适用的。（3）随着时间的推移和时代的发展，人的机能也在不断地发展变化。任何一种标准制定以后，不能一成不变，而应定期予以修改。一般情况下，一种标准只适用五年左右，若超出这个期限则应考虑修改。

二、评价的类型

（1）个体评价与群体评价：主要是指个体与群体之间的比较，以及群体与群体之间的比较。

（2）定性评价与定量评价：定性评价是凭直觉经验对观察结果进行的直接分析比较。一般定性评价只有语言文字描述，没有具体的数字。定量评价主要是通过定量计算，对人体测量的数据用各种评分方法进行处理，然后，根据具体目的进行评价。

（3）相对评分与绝对评分：相对评分是以受测者成绩相互比较，将某一部分接近的个体测量数据确定为一个评分区间，确定评分等级，然后根据等级进行评价。绝对评分是对测量数据的实际水平的评分方法。人体测量的绝大多数指标需要进行绝对评分。

三、体质评价标准的使用

对学生体质的评价是学校体育测量与评价工作所关注的重点，它对促进青少年学生体育健身锻炼，提高学生体质健康水平具有重要的意义。教育部、国家体育总局在大规模学生体质健康调查研究的基础上，共同制定《学生体质健康标准（试行方案）》评价标准，该"标准"的具体内容如表4-15、表4-16所示。

表 4-15　大学男生评分标准

	项目 分值	台阶 实验	1000m跑	肺活量体 重指数	50m跑 （s）	立定跳远 （cm）	坐位体前 屈（cm）	握力体 重指数
优秀	成绩	59以上	3′39″以下	75以上	6.8以下	255以上	18.1以上	75以上
	分值	20	20	15	30	30	20	20
	成绩	58—54	3′40″—3′46″	74—70	6.9—7.0	254—250	18.0—16.0	74—70
	分值	17	17	13	26	26	17	17
良好	成绩	53—50	3′47″—4′00″	69—64	7.1—7.3	249—239	15.9—12.3	69—63
	分值	16	16	12	25	25	16	16
	成绩	49—46	4′01″—4′18″	63—57	7.4—7.7	238—227	12.2—8.9	62-56
	分值	15	15	11	23	23	15	1520
及格	成绩	45—43	4′19″—4′29″	56—54	7.8—8.0	226—220	8.8—6.7	55—51
	分值	13	13	10	20	20	13	13
	成绩	42—40	4′30″—5′04″	53—44	8.1—8.4	219—195	6.6—0.1	50—41
	分值	12	12	9	18	18	12	12

续　表

分值 ＼ 项目		台阶实验	1000m跑	肺活量体重指数	50m跑(s)	立定跳远(cm)	坐位体前屈(cm)	握力体重指数
不及格	成绩	39以下	5′05″以上	43以下	8.5以上	194以下	0.0以下	40以下
	分值	10	10	8	15	15	10	10
	注：肺活量体重指数=$\dfrac{肺活量}{体重}$；握力体重指数=$\dfrac{握力}{体重}\times100$							

表 4-16　大学女生评标准

分值 ＼ 项目		台阶实验	800m跑	肺活量体重指数	50m跑(s)	立定跳远(cm)	坐位体前屈(cm)	握力体重指数	仲卧起坐(次/1min)
优秀	成绩	56以上	3′37″以下	61以上	8.3以下	196以上	18.1以上	57以上	44以上
	分值	20	20	15	30	30	20	20	20
	成绩	55—52	3′38″—3′45″	60—57	8.4—8.7	195—187	18.0—16.2	56—52	43—41
	分值	17	17	13	26	26	17	17	17
良好	成绩	51—48	3′46″—4′00″	56—51	8.8—9.1	186—178	16.1—13.0	51—46	40—35
	分值	16	16	12	25	25	16	16	16
	成绩	47—44	4′01″—4′19″	50—46	9.2—9.6	177—166	12.9—9.0	45—40	34—28
	分值	15	15	11	23	23	15	15	15
及格	成绩	43—42	4′20″—4′30″	45—42	9.7—9.8	165—161	8.9—7.8	39—36	27—24
	分值	13	13	10	20	20	13	13	13
	成绩	41—25	4′31″—5′03″	41—32	9.9—11.0	160—139	7.7—3.0	35—29	23—20
	分值	12	12	9	18	18	12	12	12
不及格	成绩	24以下	5′04″以上	31以下	11.1以上	138以下	2.9以下	28以下	19以下
	分值	10	10	8	15	15	10	10	10
	注：肺活量体重指数=$\dfrac{肺活量}{体重}$；握力体重指数=$\dfrac{握力}{体重}\times100$								

　　评价表的使用分为两部分：第一部分，对各测试结果进行评分，得出相应的评价等级和分数；第二部分，对每一个受试者的各项评分进行总和并给出总得分和等级。评分等级如表4-17所示。

表 4-17　评价等级表

优秀	良好	及格	不及格
86分以上	85—76分	75—60分	59分以下

例如：某大学男生测得身高 176.4cm，体重 74kg，查表身高标准体重，在 73.2—75.9 分范围内（属超重），得 9 分；台阶试验成绩为 47 分，查表 4-15 大学男生评分标准在 46—49 分范围内（属良好），得 15 分；测得肺活量为 4000ml，肺活量指数为 54（计算方法：

$\dfrac{肺活量}{体重}$，即 $\dfrac{4000}{74}\approx 54$），查表 4-15 评分标准在 54—56 分范围内（属及格），得 10 分；

测得 50m 跑成绩为 7.6s，查表 4-15 大学男生评分标准在 7.4—7.7 分范围内（属良好），

得 23 分；测得握力为 55kg，握力体重指数为 74（计算方法：握力体重指数 = $\dfrac{握力}{体重}$

$\times 100$，即 $\dfrac{55}{74}\times 100\approx 74$），查表 4-15 大学男生评分标准在 74—70 分范围内（属优秀），

得 17 分。总分为：9+15+10+23+17-74 分，依据表 4-14 评分等级，该学生体质健康水平为及格（60—75 分范围内）。

第四节　体质评价方法

评价方法是指在评价过程中所采用的确定价值高低的手段和途径。

一、体质的单一评价

体质健康的单一评价方法在实践中较为常用。该方法的特点是简单易行，评价意义明确。

单一评价，首先是按照测量设计的要求收集数据，为了确保数据资料的准确性和完整性，对收集到的大量测量数据必须进行整理。在体育测量中所获的测量数据均为原始的数据资料，这种原始的数据资料一般都是无序的，这就要求我们通过归纳整理后，变无序为有序，并使之呈现出一种规律性。常用的测量数据整理方法有频数分布法、百分位数法、分组法、指数法等，本节重点介绍百分位数法在体质评价中的应用，并以此制定单一评价标准的方法。

百分位数法制定单一评价标准的运用。百分位数法是以原始观测值的中位数为参照点，以百分位数为单位来制定评价标准的。百分位数既适合于正态分布也适合于非正态分布的观测值的计算。在大样本情况下，百分位数法制定标准比较简单而且客观，所以，现在用百分位数法制定等级评价标准或百分制的评分标准时比较常用。百分位法制定百分制的评分标准非常简单，每个测量值对应的百分位数就是百分制的分值。该方法既适用于正态分

布资料，又适用于非正态分布资料。用符号 P_x 表示。如第 10 百分位数或第 50 百分位数，可表示为 P_{10} 或 P_{50} 其计算公式为：

$$P_x = L_x + \frac{i}{f_x}\left(\frac{x \times N}{100} - C_x\right)$$

式中：P_x 为所求的第 x 百分位数；L_x 为第 x 百分位数所在组的下限；i 为组距；f_x 为第 x 百分位数所在组的频数；x 为所求百分位数的秩次（$x=1，2，3，\cdots，100$）；C_x 为小于 L_x 各组的累计频数（即所求百分位数的上一组的累计频数）；N 为样本含量。

运用百分位数法制定单一评价标准，首先是将测试数据整理成频数分布表，频数分布表是进行数理统计的常用表格。频数是指在一次测试过程中某事件发生的次数。

二、体质的综合评价

所谓体质的综合评价，是指对构成体质成分的各类指标进行定量描述，并对其价值做出全面的综合判断。对体质水平进行综合评价是一项十分复杂的工作，它涉及体质的基本概念和基本要素、测试与评价指标的选择、各类指标的权重、评价标准的制定和评价方法等诸多问题。因此，对体质的全面综合评价问题，不论是在理论上，还是在实际运用中，都是需要进行深入研究的课题。近年来，我国不少学者从多方面对这一问题进行了广泛而深入的探索研究，并取得了一些明显的成果。随着体育科学研究的不断发展，构成体质的各种成分和内在的规律性及其相互依存性、相互影响和相互制约的错综复杂的关系已逐步被人们所认识，为体质的综合评价提供了客观依据。

1. 体质综合评价的基本原则

（1）综合评价指标应具有较高的可靠性、有效性和客观性，并能较全面、准确而有效地反映个体或群体的体质状况。

（2）应充分考虑评价对象的性别、年龄特点及其指标的连续性，以便于进行横向、纵向分析研究。

（3）应能准确地测量，并可用一定计量单位进行描述，便于记录和评价。

（4）身体素质和运动能力项目测验，应尽量避免选用那些易受主观因素和技术因素影响的项目。

（5）应考虑当前我国的实际情况，评价指标要少而精、简便易行。

（6）尽可能做到与现行有关测验制度的一致性。如《国民体质测定标准》《学生体质健康标准》等。

2. 年龄组指标在综合评价中的"权重"

所谓"权重"，是指指标的相对重要程度。它是根据各类、各项指标在体质总体中所起作用的大小，来确定它们在体质综合评价中所占有的比例。在体质综合评价中，各类项目指标的权重，可以根据人体生长发育规律的专业知识、经验及统计学方法确定。研究结果表明，素质类指标与体质总分的相关程度最高，其次是机能类指标、形态类指标（如表4-15 所示）。

表 4-15　各类项目指标对体质的作用

类别	简单相关系数		标准回归系数	
	男	女	男	女
形态类	0.7814	0.6412	0.3104	0.3804
机能类	0.8344	0.8112	0.3512	0.4045
素质类	0.9119	0.8263	0.5012	0.4945

3. 体质综合评价方法（标准分）

被评价者必须参加 6 个指标（实际上是 7 个指标）的测试，然后将各项测试指标的测试值或指数，按下列公式计算出标准分。

标准分公式为：

$$标滩分 = \left(70 + \frac{(X_i - \overline{X}) \times 10}{S}\right) \times 权重系数（非计时跑指标）$$

$$标准分 = \left(70 + \frac{(\overline{X} - X_i) \times 10}{S}\right) \times 权重系数（计时跑指标）$$

式中：X_i 为受试者的测量值；$\overline{X}$ 为全国同类别、同年龄组、同指标的均值；S 为全国同类别、同年龄组、同指标标准差。

第五章 现代体能训练的方法

在体育运动中，人们习惯把那些为完成运动所表现出来的，也是运动所必需的身体的基本能力称之为体育运动基本素质。它是人体各器官系统机能在肌肉活动中的集中体现，反映了人体各器官系统在神经系统的统一支配下的协调运动。它们具体可分为身体素质和运动能力两个方面，人的身体素质和运动能力水平的高低除了受一定的先天遗传的影响外，重要的还是后天的锻炼，尤其对于人的体育运动基本素质，后天锻炼起着极其关键的作用。高度重视后天锻炼，将对人的一生健康产生重大影响。

第一节 力量和速度训练方法

一、力量素质锻炼

（一）力量素质内涵

力量素质是指人的机体或机体的某一部分肌肉工作（收缩和舒张）时克服内外阻力的能力。外部阻力是指物体的重量、支撑反作用力、摩擦力以及空气或水的阻力等。内部阻力包括肌肉的黏滞力、关节的加固力及各肌肉间的对抗力等。外部阻力往往是发展力量素质的手段，人体在克服这些阻力中提高、发展自身的力量素质。力量素质是人体进行体育运动的基本素质之一，是获得运动技能和取得优异运动成绩的基础，同时也是其他身体素质发展的重要因素。据统计，一场激烈的羽毛球比赛，运动员在场上反复快速移动达500次左右，再加上蹬、跳、跨、击球、跳起扣杀等，对下肢力量的要求很高。无论是在前场的搓、推、勾、扑球、放球，还是在后场的挥拍吊球、扣杀都需要一定的手腕、手背、肩部、腰背肌群的力量。因而，羽毛球运动对上肢、肩部、躯干肌肉群的力量要求也较高。所以，在教学、训练以及自我训练中，应科学地、系统地注意增强上、下肢及躯干肌肉群的力量素质。

（二）发展力量素质的意义

（1）力量素质是进行一切体育活动的基础。人体的运动，离不开骨骼、关节和肌肉的相互作用，其中肌肉是动力器官，通过肌腱拉动相应的骨骼。随着收缩力、收缩速度和持续时间的不同，所完成的运动负荷也各不相同。如果没有肌肉收缩产生的力量来牵拉骨骼进行运动，不要说进行体育活动，就连起码的行走和直立也不可能。每个人跑、跳、投及攀登爬越等各种体育运动和体力劳动均离不开力量素质。一个人想要跑得更快、跳得更高更远就要有更大的下肢力量。要想投（掷、推）得远就需要发展上肢爆发力；攀爬和提、拉重物等也离不开上肢、腰腹部及腿部力量。所以说，力量素质是人体最基本的身体素质，是进行一切体育活动和体力劳动的基础。

（2）力量素质影响并促进其他身体素质的发展。任何身体素质都是通过一定的肌肉工作方式来体现的。而肌肉的力量是人体进行一切活动的基础。速度素质的提高、耐力素质的增长、柔韧素质的发挥和灵敏素质的表现，都与力量素质有着密切的关系。

（三）影响力量素质的因素

力量素质的提高和发展是以人体肌肉的形态、结构机能、生理生化机制的改变为基础的，是以神经中枢的兴奋和抑制过程的强度与集中以及相适应的神经过程充分协调为前提而建立起来的各种用力动作的条件反射的结果。也就是说，一个人肌肉力量的大小要受到与其生长发育水平、性别、体形、肌肉自身结构、特征以及生理生化和训练方面的各种各样的因素制约。因此，了解上述因素对力量素质的不同影响，对于力量素质训练的效果有着密切的关系。

1. 与人体生长发育有关的因素

（1）性别。通常情况下，男子的力量比女子大，这主要是由于肌肉大小的差异所致。例如，一般成年男子肌肉重量占体重的40%—45%，而女子则占35%。科学研究证明，女子的平均力量约是男子的三分之二。但并非所有肌群均成此比例。若男性力量为100%时，女性的前臂屈伸肌群约为男性的55%；手指内收肌、小腿伸肌约为65%；髋关节屈伸肌、小腿屈肌、咀嚼肌约为80%。在力量训练的影响下，女子力量的增长和肌肉体积的增大都比男子要慢。因为"肌肉肥大"主要受体内睾丸酮激素的调节，正常男子这种激素比正常女子多，所以无论肌肉力量增加多少，女子的"肌肉肥大"总不如男子。

（2）年龄。力量素质的发展有着明显的年龄特征，其生理机制是肌肉发育与年龄增长密切相关。一般规律是：10岁以前，随着人体的生长发育，无论男孩或女孩力量一直缓慢而平稳地增长，而且两者区别不大；从11岁起男女孩的最大力量的差异开始显露，男孩增长稍快而女孩增长缓慢；青春期过后，力量仍在增长但其增长速率很低。女性达到最大力量约在20岁，男性约在25岁，而后随着年龄的增长而速率减退。力量素质发展的敏感期是13—17岁，此时最大力量进入快速增长的第一个高峰。这个年龄段力量的增长与体重的增长同步，而且最大力量增长快，相对力量却增长慢。这时的肌肉向长度增长比围度增长要快，因为此时也正是身高的快速增长期。16—17岁是最大力量快速增长的第二个高峰。此时，肌肉围度增长的速度加快了。最大力量和相对力量增长均很快，这是发展力量素质的最重要时期。18—25 岁，力量增长变得缓慢。此后如不坚持锻炼，随着年龄的增长力量将逐渐减小，然而如果坚持良好的训练，男子力量增长可达 35 岁左右。至于速度力量的"敏感期"还要早一些，男子在 7—15 岁，女子在 7—13 岁发展比较快，这与速度素质"敏感期"较早密切相关。概括起来看，青少年力量的增长有如下特点：快速力量先于最大力量；最大力量先于相对力量；躯干肌肉力先于四肢肌肉力。

（3）体形。多年实践证明，运动训练能影响人的体形，而体形也能影响人的运动能力。根据实践观察，体格健壮的粗壮型的人由于肌肉较发达，因此表现的力量也较大。体形匀称的人力量次之，但这种体形的人一般比较精干，肌肉线条比较清晰，往往具有比较好的速度力量；体形细长的人力量比较差，肥胖型的人看起来似乎最大力量应好，但若从相对力量的角度看，则其力量水平就不高了。

（4）脂肪。脂肪组织聚积在内脏的四周、骨骼肌表面和骨骼肌中，肌肉的脂肪不仅本身不能收缩，而且在肌肉收缩时产生摩擦，从而降低肌肉的收缩效率。同时脂肪太厚还会影响肌肉的发展。通过运动训练可以减少肌肉中的脂肪，从而提高肌肉收缩效率使力量增强。

（5）身高与体重。俗语讲"身大力不亏"，说明体重重的人往往力量大，体重轻的人则力量小些。当一名运动员的体重与其最大力量的比值不变时，则体重与最大力量成正比关系。也就是说体重增长，则其最大力量也随之增长。然而身高与力量的关系就比较复杂了，两者之间的必然联系似乎不大。如果某人又高又壮实，则力量也较大；若其较高但细长，则力量就不会大。如果某人又矮又粗壮，则力量也不会小；若其又矮又瘦则力量会更小。所以在体育运动项目选择中，常常把体重与身高联系起来考虑，用体重/身高指数（千克/厘米）来衡量，即 1 厘米身高有多少体重。指数越大，则力量一般也比较大。

（6）睾丸酮激素。科学研究证明，睾丸酮激素水平的高低与力量的大小也有密切关系，睾丸酮激素水平高的人的一般力量比较大。所以，有专家认为可以通过测定血液或尿中的睾丸酮水平来进行力量性项目的选才。

2.肌肉形态结构方面的因素

人体的运动是在中枢神经系统调控下通过肌肉的收缩产生的力而完成的。因此，有目的地改善肌肉的形态、组织结构对发展力量素质具有重要意义。

（1）肌肉的生理横断面。决定肌肉力量大小最重要的解剖学因素是肌肉发达程度。衡量肌肉发达程度的指标是肌肉的生理横断面。肌肉的绝对肌力取决于该肌肉的生理横断面积。肌肉的生理横断面积愈大，肌肉收缩时产生的力就可能愈大。一块肌肉所有肌纤维的横断面之和称为肌肉的生理横断面。它有别于"解剖横断面"，后者只是简单地沿肌肉纵轴作垂直切面，而前者要切割每一条肌纤维。

梭形肌的肌纤维排列，大致与肌肉纵轴平行。所以梭形肌的生理横断面与解剖横断面相同。而羽状肌的肌纤维斜行排列，因此生理横断面大于解剖横断面。因为在羽状肌中，解剖横断面不能横切所有肌纤维，所以解剖横断面不能作为说明肌肉发达程度的指标。这说明羽状肌的收缩力明显大于相同体积的梭形肌。但由于羽状肌的纤维短，所以收缩幅度小。

肌肉生理横断面说明肌肉中肌纤维的数量和肌纤维的粗细，即说明肌肉的发达程度。肌肉生理横断面说明肌肉绝对力量的大小。

肌肉绝对力＝肌肉的生理横断面 × 比肌力

单位生理横断面肌肉收缩时产生的最大力量称为比肌力。据苏联学者的材料，人体肌肉每平方厘米生理横断面可产生 40—170 牛顿力；德国学者认为，人体肌肉每平方厘米生理横断面可产生 60—100 牛顿力；美国学者认为，人体肌肉男子每平方厘米生理横断面可产生 92 牛顿力，人体肌肉女子每平方厘米生理横断面可产生 71 牛顿力。比肌力是常数，只要知道肌肉的生理横断面，便可计算出该肌肉的绝对力。根据肌肉绝对力与生理横断面成正比的关系，表明肌肉愈发达其力量愈大。

目前认为，肌肉横截面增大，是由于肌纤维增粗造成的。肌纤维增粗表明肌纤维中的能源物质三磷酸腺苷和磷酸肌酸增加，肌结缔组织增厚，肌糖原含量增多，毛细血管开放密度加大，肌凝蛋白含量增多，从而提高了肌纤维的质量，大大提高了每根肌纤维的负力进而决定了最大力量的提高。

（2）肌肉的初长度。人的肌力的大小与肌肉收缩前的初长度有关。在一定范围内，肌肉的初长度或肌肉弹性拉长后，则肌肉收缩时产生的张力和缩短的程度就越大。因为肌肉拉长时，肌梭将感知肌纤维长度变化产生冲动，会提高肌纤维回缩力来对抗拉力，当长度拉到一定程度将引起牵张反射，可提高肌力的发挥效率。美国人达登的研究证明：一个人力量的大小，取决于肌肉的体积。肌肉体积发展的潜力，又主要取决于每个人的肌肉长度（指肌肉两头肌腱之间的长度）。例如，有两个人，一个人的肱三头肌长 20 厘米，另一个人长 30 厘米，后者长是前者的 1.5 倍，则后者肌肉横断的潜力等于前者的 1.5²=2.25 倍，肌肉力量的发展潜力 1.5³=3.375 倍，训练前，两人手臂肌肉体积差不多，经过训练，后者的肌肉体积和收缩时的肌力要比前者大得多。在运动实践中，如挺举前的下沉动作，扣球前的体前肌群背弓，投掷前的超越器械的主动拉长，以及跳跃、推手、落地等动作的被动拉长均是为了获得更大的收缩力。肌肉的适宜拉长比其自然长度产生的收缩力要大。但这种肌肉弹性的拉长必须在其解剖学原理限度内进行，而且在不断适应生物刺激条件下逐渐地拉长。

（3）参与活动的肌纤维数量。每块肌肉是由许多肌纤维构成的。肌肉收缩时并非所有的肌纤维都能被同时动员起来参加活动，动员参与活动的肌纤维数量越多，则收缩时产生的力就越大。运动生理学揭示：由于遗传的作用，每个人肌肉中的肌纤维数目，红、白肌纤维比例，从出生 5 个月后就已确定，1 年后形成。以后随年龄增加，通过训练或其他科学方法，无法改变肌肉中的肌纤维数量及红、白肌纤维的比例，只能改变纤维形态及红、白肌纤维功能和参与活动的肌纤维数量。运动场上的新手最多只能动员 60% 左右的肌纤维参加活动，而优秀运动员参加活动时动员的肌纤维可达 90% 左右，这和训练后中枢神经发出的神经冲动强度和频率加大有关。

（4）白肌纤维在肌肉中的比例。肌肉力量的大小取决于不同类型的肌纤维在肌肉中所占的比值。肌纤维类型通常分为白肌纤维和红肌纤维及中间肌纤维 3 种。白肌纤维的无氧代谢能力比红肌纤维大得多。虽然红、白肌纤维均含有促使 ATP-CP 系统快速作用的酶，但白肌纤维中此种酶的活性比红肌纤维大 3 倍，同样红、白肌纤维中均含有促使糖酵解的酶，但白肌纤维中此种酶的活性比红肌纤维中的高 2 倍以上。白肌纤维中支配其运动的神经元传导速度快，使白肌纤维达到最大张力的时间只需红肌纤维的 1/8。所以白肌纤维又叫快肌纤维，适合于做短距离、高强度的运动。

红肌纤维有氧代谢的能力比白肌纤维强。因为红肌纤维有氧氧化酶系统活性高，毛细血管的数量、线粒体的大小和体积，肌红蛋白的含量等均大于白肌纤维，能使人长时间工作不易疲劳，所以红肌纤维又叫慢肌纤维，适于强度小、时间长的耐力性运动项目。

人体肌肉中红、白肌纤维的比例受遗传因素的影响，后天无法更改。在不同负荷、不同速度进行运动的条件下，参加肌肉收缩的肌纤维类型也不同。一般规律是：在一定负荷强度下有较慢的速度完成动作，红肌纤维起主导作用；如快速完成动作则是白肌纤维起主导作用。综上所述，力量素质的表现，主要由肌肉中白肌纤维的数量多少决定。白肌纤维比例高，则肌肉收缩力大。

（5）肌肉的牵拉角度。肌肉收缩牵拉骨骼进行运动时，犹如杠杆运动。在整个活动中，随着杠杆的移动，肌肉在不同位置的不同角度上牵拉，其力量大小是不一样的。例如，当负重屈肘作弯举时，肘关节角度在 115°—120° 时，肱二头肌张力最大；在 30° 时，其张力最小。膝关节弯曲在 164° 和 130° 时腿的力量几乎表现一样，屈膝低于 130° 时，腿的力量则下降。肌肉不同的牵拉角度对力量素质有影响，即与完成技术动作用力正确与否关系较为密切。这是进行技术分析、改进技术动作必须慎重考虑的问题之一。

（6）肌肉的起止点位置。肌肉起止点的位置决定了肌肉在身体上的位置，也决定了肌肉在骨杠杆上的作用点。实践证明，止点离关节中心远的肌肉，容易起动骨杠杆。但在使骨杠杆转动的速度和幅度方面则较差。止点离关节中心近的肌肉，则使骨杠杆的运动速度快、幅度大。此规律只适用于起动角度小于 180° 的条件下。以屈肘关节的肌肉肱肌和肱桡肌为例，由于肱桡肌止点离肘关节中心远，在近固定屈肘的开始阶段作用明显，但是在整个屈肘过程中，起主要作用的则是止点较近的肱肌。但是当起动角大于 180° 时，情况正好相反，止点较近的肌肉则易于起动骨杠杆，如冈上肌比三角肌容易起动上臂外展。

（7）肌肉收缩的形式。不同的肌肉收缩形式对肌肉力量的大小及其特点带来不同的影响。不同的运动项目各有不同的用力特点，因而也就需要不同特性的力量。不同特性的力量要用不同的发展力量素质的训练方法去发展，而不同的力量素质训练方法又是在肌肉不同的收缩形式的基础上形成的。肌肉收缩的主要形式如下。

动力性向心克制性收缩。其特点是肌肉工作时，肌肉长度逐渐缩短。随着关节角度的变化，肌肉在缩短过程中张力也发生改变，如手持哑铃的弯举动作。无论何种运动项目，在发展运动员的力量素质时，掌握好发挥最大肌力的关节角度，可以得到事半功倍的效果。动力性向心克制性收缩是力量训练的主要形式。

动力性离心退让性收缩。其特点是肌肉收缩时，张力增加的同时肌肉的长度也增加。例如，负重肘关节，负重慢慢下蹲等，这时阻力是在运动过程中起作用的力。国内外许多学者研究认为，肌肉在做离心退让性收缩时可以产生更大的张力。实验证明，肌肉做离心收缩时所产生的张力比同一肌肉做向心收缩时所产生的张力大 40% 左右。

静力性等长收缩。其表现是肌肉的力在对抗固定阻力时的收缩形成。特点是肌肉收缩时，其张力发生变化，但其长度基本不变，在整个动作过程中肢体不会产生明显位置移动。例如体操中的平衡动作、倒立及摔跤中双方的僵持阶段、手持哑铃做侧举动作等。肌肉极限或次极限负荷的静力性收缩比动力性收缩能够动员更多的肌纤维参与工作，能有效发展最大力量和静力性耐力。

等动力性收缩。"等动"就是"恒定"的意思。其特点是在整个关节活动范围内，肌肉始终以某种张力收缩，而收缩速度始终恒定。由于肌肉等动收缩，如自由泳的划臂动作，肌肉的长度和张力都发生变化，因此它的优点是集等长收缩和等张收缩之所长，使练习者肌肉在各个关节角度上用力基本均等，且均具有足够刺激。现在有目的地进行等动性收缩，一般皆利用特制的等动练习器，通过速度控制器的机械作用，以保证不管张力多大，但肌肉收缩的速度始终保持恒定。同时还可以保证肌肉在整个活动范围内达到理想的生理负荷（即主观上尽量用最大力量为前提）。

3. 中枢神经系统调节方面的因素

大脑皮质具有与其相适应的神经兴奋和抑制过程，又具有最适宜的灵活性，从而积极动员了植物性神经系统内分泌功能，能够协调肌肉在运动训练中发挥更大的功率，亦即神经过程强度愈大愈集中，肌肉力量发挥愈大。这也说明了中枢神经系统的机能状态如何，直接影响肌肉的力量。

（1）中枢神经系统发放冲动的强度和频率。中枢神经系统的机能状态可以直接影响肌肉的力量。如果中枢神经系统传出的冲动强度大，频率高，相应肌肉所产生的力量也大。这就是所谓的"精神"因素，即有时一兴奋，可能举起平常举不起来的东西，可能做出平常做不了的动作。

肌肉的收缩由神经传导的电脉冲引起，一次脉冲可引起肌肉收缩一次。若在肌纤维还没有完全松弛时，新的脉冲信号又传来，就会出现肌肉的重叠收缩，能产生更大的力量。科学的训练促使练习者中枢神经系统传出的神经冲动频率高，强度大。在同一时间里，动员肌肉更多的运动单位进行收缩，产生的力量就愈大。

（2）神经中枢对肌肉活动的支配和调解能力。体育运动中，完成一个最简单的动作也需要许多块肌肉来实现。不同肌肉群是由不同的神经中枢所支配而进行工作的，不同的神经中枢间的协调关系得到改善，就可以提高主动肌同对抗肌、协同肌、固定肌之间的协调能力，使上述肌群在参加工作时能各司其职，协调一致，尤其是对抗肌神经中枢处于抑制，对抗肌保持放松状态，减少其产生的阻力，保证主动肌、协同肌群发挥更大的收缩力量。有的专家研究证明，肌肉收缩的最佳效果不是由于肌肉，而是由于神经冲动的合理频率的提高，促进运动员的情绪高涨，从而引起调动肌肉工作能力的较多肾上腺素、去甲肾上腺素、乙酰胆碱及其生理活性物质的释放，使力量增大。因此，中枢神经系统的机能状态可以直接影响肌肉的力量，并对力量素质的发展和发挥起着重要的作用。在完成某一技术动作时，若中枢神经系统传出的神经冲动频率高，强度大，则肌肉所产生的力量就大。

4. 营养系统的功能能力

肌肉工作时营养的供应直接影响到肌肉力量的发挥。最大力量的增长、速度力量的提高、力量耐力的持久将取决于 ATP—CP 功能系统，糖酵解功能系统，无氧功能系统的供能能力，即无氧非乳酸性供能，无氧乳酸性供能，有氧供能。根据运动生理化学理论可知，ATP 是肌肉收缩的直接能源。无论 CP、糖的无氧、糖的有氧及脂肪的有氧供能都必须以 ATP 的形式供肌肉收缩。当人体激烈活动时，肌肉中的 ATP 首先能起发动作用，促使 CP 同步分解再合成 ATP 供能，与此同时磷酸立即参与糖的无氧酵解产生 ATP 以补充肌肉中 ATP 的浓度。当 ATP—CP 系统供能接近生理允许的极限消耗时间（5.66—5.93 秒）时，开始启用无氧糖酵解提供的 ATP 与 ATP—CP 系统消耗的能力共同供能，直至糖的无氧酵解供能占优势，但此时运动强度下降。极限运动 8 秒钟后，开始糖的有氧酵解生成丙酮酸进入三羧循环氧化生成 ATP 补充肌肉中 ATP 浓度。当运动 30 秒左右时，由于糖的无氧酵解被抑制，迫使运动强度降低（即每秒每公斤肌肉消耗的 ATP 数量减少），乳酸作为有氧供能的衔接能源供能。随着运动时间的延长，糖的有氧及脂肪的有氧供能促成肌肉长时间的活动。对发展力量素质来说，无氧非乳酸性供能最为重要。因为力量增长在较短时间内，以较快的速度完成技术动作效果最佳。进行力量训练时，还应注意动员白肌纤维参加工作，因为白肌纤维中 CP 含量较高。由于进行力量训练时肌肉活动的强度很大，工作时间很短，又常伴有憋气，特别是静力练习时肌肉持续紧张，血管被挤压，血液流动不畅通，往往造成缺氧。在这种情况下，肌肉收缩的能量供应，主要依靠能源物质的无氧分解，其表现特征是磷酸肌酸大量消耗，肌糖原生成乳酸，血液中乳酸也升高，因此，若发展力量素质，必须提高肌肉的无氧代谢能力。

5. 心理因素

人体运动中由于心理障碍造成神经过程处于抑制状态，不能充分发挥出最大肌肉力量，例如，不愉快的运动经历，对运动损伤的恐惧，成功信心的缺乏，焦虑和紧张等都会引起神经系统对肌肉调节功能的减弱。因此，有目的、有意识地培养人学会自我情绪调节，善于集中自己的注意力，具有临危不惧的顽强的意志品质等，是发展力量素质极为重要的心理条件。优秀运动员在比赛前通过"意识集中""心理准备"或各种"自我暗示",使人的机体各系统同步进入紧急工作状态,解除抑制,在完成的各种技术动作中,发挥出极限的肌肉力量。心理因素是影响力量发挥的重要因素之一,已引起教练员和体育科研人员的注意。如何克服消极心理因素,揭示人体科学的奥秘,尽快掌握心理调节,促进训练水平的提高,是体育运动训练的新课。

6.训练因素

运动训练中的许多因素,如负荷强度、动作速度、动作幅度、练习的组数、每组练习重复的次数、每组练习的间歇时间等训练因素都会对力量的大小和特性产生很大的影响。

(1)负荷强度与重复次数。多年的运动实践证明,练习时若负荷重量大,重复次数少,则发展最大力量效果较好,尤其肌肉群受到超负荷练习后,力量素质会得到很大的发展。若重量与次数皆适中,则增大肌肉体积较显著。若重量小、重复次数多,则主要发展肌肉耐力。

每组练习的间歇时间较长,使机体消耗的能量得到恢复再进行下一组练习,那么发展力量效果就好。反之,机体生理、生化等指标均下降,出现疲劳状态下仍进行力量练习,肌肉力量的发挥也呈下降趋势。

(2)动作速度。练习时完成技术动作速度的快慢对发展力量的特性带来重要的影响。例如:练习时尽量加快动作的速度,尤其是单个动作速度,能有效地发展爆发力;练习时既要注意加快单个动作速度,也要注意加快动作的频率(重复若干次数),能发展一般的速度力量。一般对动作的速度不作过多要求,若强调每次练习的负荷量或次数,能发展最大力量或速度力量。

(3)以肌肉收缩形式为基础的不同练习方法。这种练习以等张的离心或向心,等长等动等不同的肌肉收缩形式为基础。不同的训练方式对力量的大小和特性将产生巨大的影响。等长收缩的静力性练习主要能提高静止性用力的力量,等张收缩似的动力性练习能明显提高肌肉的爆发性力量和灵活性。

(4)原有的训练基础。训练基础较差者开始训练后,力量会增长得很快;而训练基础好的人,力量增长速度就比较慢了。如果停止力量训练,增长的力量就会逐渐消退。力量消退的速度大约为提高速度的三分之一。也就是说,力量提高得快,停止训练后消退得也快。经过长时间训练逐渐提高的力量,停止训练后,保持的时间也长。有的专家研究,只要每6周进行一次力量训练,就可延缓力量的消退速度。如果每1—2周进行一次最大力量训练,则基本可以保持所获得的力量。

7.其他因素

(1)温度。运动时体温的适宜升高可提高人体中枢神经系统的兴奋性,加强呼吸、血液循环机能,降低肌肉的黏滞性,加快收缩和放松的化学反应,加大关节的活动范围,从而有助于肌肉收缩力量和收缩速度的发挥。希尔早在20世纪50年代就发现,体温升高

2℃力量就有提高。格罗兹研究发现，手臂浸在 50℃的热水中 8 分钟，力量也会提高。温热对力量和其他身体素质的良好作用是显而易见的。运动员在训练和比赛之前要认真做好充分的准备活动，其目的之一就是使身体发热，以较快地提高自身运动能力。

（2）营养物质的补充。必要的营养物质补充对力量的增长有着明显的影响，其中最重要的是蛋白质。构成肌肉组织的主要成分是蛋白质，从事力量训练的人必须比发展其他身体素质的人补充更多的蛋白质，才能保证正常的新陈代谢，特别是合成代谢的需要。而且这种补充不能单纯地依靠天然食品来完成，而且需要补充蛋白质制剂，甚至直接补充氨基酸。

人体中的许多矿物质，对机体的生命活动起重要作用。其中对肌肉力量影响最大的是钾和钠。钾的作用是使肌肉收缩，而钠的作用是使肌肉放松。缺钾会影响蛋白质的合成，使肌肉的正常活动受限制。严重缺钾者，骨骼肌的收缩功能会丧失。钾对肌肉收缩具有极为重要的作用。缺钠可引起食欲不振、体重下降、血压降低、力量减弱、肌肉痉挛等等，所以，运动员在夏天大量排汗后饮水应补充食盐。因此，如何合理、科学地摄取和补充钾、钠是进行力量训练时应引起重视的问题。

（3）紫外线照射。自从发现人在夏季的体能较其他季节为优后，就提出一个实际问题，人在较热的几个月是否对训练的反应比较明显？德国专家对此研究后指出，实验情况下，接受训练者在 7、8、9 月较其他月份力量的增加较快。其主要原因是在炎热的夏季里，受训者获得较多的来自太阳光紫外线的辐射，其次是训练者吃较多的水果，增加了维生素的摄取量。海丁格尔和缪勒进行的 6 周实验证明，采用紫外线照射训练，比不用紫外线照射训练的效果提高一倍。

此外，气味、声音、血型、生物节律等对力量的发挥也有一定的作用。例如：举重运动员出场前闻浓度很高的氨水气味，爆发性用力时运动员自己的吼声、观众的助威呐喊声等。日本生理学家认为 O 型血的人肌肉弹性好，收缩有力量，神经中枢易高度集中，在跳跃项目中成绩突出。综上所述，决定和影响力量素质的因素是多种多样的，认识和理解这些因素，有助于提高力量素质效率的科学性、有效性、合理性。

（四）力量素质的分类

按运动时肌肉克服阻力的表现形式，通常把力量素质分为最大力量、相对力量、速度力量和力量耐力四种。

（1）最大力量。最大力量指身体或身体某部分肌肉克服最大阻力的能力，也称为"单纯性力量"。我们通常讲的"力气"就是指它而言。衡量最大力量并不考虑运动者的体重因素，随着体重的增加，一般来说最大力量也会提高。最大力量对推铅球、掷实心球起着决定性的作用。

（2）相对力量。相对力量指人体每公斤体重所具备的最大力量。其表达式为：相对力量＝最大力量（kg）÷体重（kg）。相对力量对跳高、中长跑、体操具有重要意义。

达标中的 1000 米跑、引体向上等项目的成绩好坏与学生的相对力量的大小有直接关系。

（3）速度力量。速度力量是指肌肉在运动时快速克服阻力的能力。速度力量是力量和速度有机结合的一种特殊力量素质。速度力量典型的表现形式就是通常所说的爆发力（爆发力是指在尽可能短的时间内发挥出尽可能大的力量）。肌肉在运动时克服阻力的过程中，阻力越大，速度越慢。

（4）力量耐力。力量耐力是既有力量又有耐力的综合性素质。它是在静力性或动力性工作中长时间保持肌肉紧张而又不降低工作效果的运动能力。阻力越大，运动持续时间越短。只有在克服一定较小的阻力的情况下，才能维持较长时间的运动或重复更多的次数。力量耐力对各种跑，特别是中长跑有重要意义，对达标中的 1000 米、3000 米跑的成绩有很大影响。根据肌肉工作的方式，力量耐力可分为动力性力量耐力和静力性力量耐力。动力性力量耐力又可细分为最大力量耐力（重复发挥最大力量的能力）和快速力量耐力（重复发挥快速力量的能力）两种。无论动力性力量耐力还是静力性力量耐力均与最大力量有密切关系，不同运动员在完成同一负荷重量时的重复次数，主要取决于最大力量。最大力量大，则重复次数多，力量耐力好。

（五）力量素质训练方法

1. 最大力量锻炼方法

通过对力量素质发挥的影响因素的分析，增加最大力量的主要途径包括：增大肌纤维横断面积和肌肉体积、提高中枢神经系统对肌肉的调节和控制能力、增强肌肉的能量供应系统、完善和改进技术动作、发展促进最大力量充分发挥的其他身体素质。因此从增大最大力量的主要途径出发来发挥最大力量时，其常用方法有以下几类。

（1）变换训练法。变换训练法是（在训练过程中负荷强度、负荷量和训练组数是一个变换的过程）按照既定的负荷要求进行训练的方法。具体要求如下：第一组负荷强度为 80%，负荷数量为 6—8 次；第二组负荷强度为 90%，负荷数量为 3—5 次；第三组负荷强度为 100%，负荷数量为 1—2 次；第四组负荷强度为 90%，负荷数量为 3—5 次；第五组负荷强度为 80%，负荷数量为 6—8 组；训练课的练习组数为 5—9 组，每组间歇时间为 3 分钟左右。

（2）重复训练法。重复训练法的特点是负荷强度的大小随肌肉力量的增加而逐渐增加，当练习者能重复更多的次数时，说明其力量有所提高，应增加负荷强度。例如练习者负杠铃 80 公斤尽最大能力做半蹲，开始每组能做 3—6 次，数周后能增至 8—9 次时，就应加大重量。这种方法尤其适应短距离跑项目及投掷类项目。

（3）强度法。特点是采用接近最大直至最大强度，达到后继续用中上强度的重量，直到这种刺激产生劣性反应为止。例如练习者逐渐用 90%—95%—100% 及以上的强度重量练习后，又逐渐用 95%—90%—85%—80% 强度重量练习。这种练习法能保证神经、肌肉绝对集中，便肌肉得到发展又不易增加肌肉的体积，从而使相对力量得到发展。对学生而言，尤其是体重较大而力量较小的同学，是一种极佳的锻炼最大力量的方法。

（4）极限强度法。特点是突出强度，每次练习都要求接近甚至超过本人当次练习课的最高水平，并且在计划规定的时间内组数越多越好，组与组的间隙以能恢复过来为标准。以卧推为例，一个学生最大能力推80公斤，准备活动后即用75公斤、70公斤各练习1—2次、2组，接着推80公斤、1—2组，再试推82.5—80公斤，然后减少10公斤做2—3次、2组，再减10公斤做2—3次，2组，再开始递增重量。经过若干次练习后，练习者已适应这个重量，并可成功推起82.5公斤两次，即可开始增加新的重量。

（5）极限用力法。特点是用中至中上负荷强度做极限数量的重复，直至现阶段参加练习的肌肉极度疲劳，需从大脑皮层发出补充的神经冲动去激发新的运动单元参加运动，挖掘和充分发挥每块肌肉原有的巨大潜力，从而使有机体的神经调节水平不断提高。以深蹲为例，练习者能用75%的强度做10—12次、2—3组后，练习者在这个重量已不能保持这个重复次数时，即应递减至他尽最大能力可做10—12次的负荷重量，以此类推，从而保持必需的重量及重复次数。这种方法对同学们经过假期的休息，开始新学期的力量恢复有很大的作用。

（6）静力训练法。静力训练法是指人体的姿势、关节固定，肌肉做等长收缩的力量练习方法。静力训练法的优点是能动员更多的肌纤维参与做功，在最短时间内提高肌肉的最大力量，缺点是与运动项目关联性不大，对运动项目所需的最大力量训练有限，同时由于静力训练对身体有一定影响不易长时间练习。具体要求如下：负荷强度为95%，每次持续时间为3—6秒，练习次数为6次，每次间歇时间为5分钟。

2. 相对力量锻炼方法

相对力量的发展主要遵循在控制体重的前提下增大最大力量的原则。由于在最大力量增长的同时，肌肉也增粗，体重也相应增加（经研究发现，进行力量练习时，力量与体重的增加比为3:1），因此，通过提高肌肉的协调功能增大最大力量，有利于控制体重增加。

（1）体操法。通过大量的克服自身体重的练习，如体操、短跑、摔跤、拳击等项目的活动，让肌肉的抗阻力几乎都稳定在自身体重负荷上，使多次练习达到调节肌肉协调功能的目的，从而增强相对力量。

（2）大负荷法。用85%以上的负荷强度，动员尽可能多的运动单元参与工作，减少肌肉功能性肥大。练习次数3次、6—10组，组间休息2—3分钟。

3. 速度力量锻炼方法

速度力量具有力量和速度的综合特征。因此，只要其中一个或两个因素提高，速度力量就得提高速度要容易得多。故提高速度力量往往采用加快动作频率的方法。速度力量的典型表现形式是起动力、爆发力、反应力。

（1）发展起动力的方法。在最短时间内（通常不到150毫秒）最快地发挥下肢力量，称为起动力。运动实践证明：最大力量水平是决定起动力水平高低的基本因素。发展起动力的强度特征是采用 30%—50% 的负荷强度，进行 3—4 组，每组 5—8 次，每组间歇 2 分钟至 3 分钟。

发展起动力的练习方法多种多样：①利用地形地貌做各种短跑练习，如上下坡跑、跑阶梯等。②利用器械、仪器做各种跑的练习，如穿加重背心的起跑加速、加速跑、突然改变方向跑、计时短跑、负轻杠铃短跑等。③利用同伴的各种帮助做加速跑、牵引跑、各种准备姿势的听信号起动跑等。

（2）爆发力训练的方法。通过对力量素质发挥的影响因素的分析，增加爆发力的主要途径包括：提高最大力量（与最大力量提高的途径基本相同）、提高力量做功的速度（与快速力量提高的途径基本相同）。因此，从增加爆发力的主要途径出发来发展爆发力时，其常用方法有以下几类。

①0 负重训练法。0 负重训练法是指在训练中只要求运动员克服运动项目所需的负荷强度，在恒定的负荷强度下反复练习提高爆发力的训练方法。其优点是使运动员熟悉技术动作实际运用时的负荷强度，便于运动员肌肉工作时的协调性的发挥。具体要求如下：训练时的负荷强度和运动项目实际所需负荷相等，即 0 负重，训练数量为 3 次 / 组，练习组数为 3 组左右，每次间歇时间为 3 分钟左右，视运动员的实际情况而定。

②减负荷练习法。

③先加后减负荷练习法。

④超等长练习法。超等长练习法是指先使肌肉做被动拉长，然后再主动做功收缩，利用肌肉的牵张反射和弹性原理来增加肌肉收缩做功，从而提高肌肉爆发力的练习方法。超等长收缩的独特优点是利用了肌肉的生理机制来从科学的角度提高肌肉工作时的兴奋性、募集度，利用了粗储存的弹性势能来提高爆发力，同时它的动作更接近于人体的运动形式与技术动作构成，因此在爆发力的训练中采用超等长练习法能得到很好的训练效果。具体要求如下：超等长训练的实际负荷强度是很大的，一般为 90% 左右，训练数量为 8 次 / 组，练习组数为 3 组左右，每次间歇时间在 5 分钟左右，视运动员的实际情况而定。

4. 力量耐力锻炼方法

由于力量耐力主要依靠有氧供能，所以它的发展不仅依靠肌肉力量的增长，而且依靠血液循环、呼吸系统机能的改善和有氧代谢能力的提高，以满足长时间工作的肌肉所需氧气和能源的供给。力量耐力发展水平同样是以最大力量水平为基础，在完成同一动作时，力量大的学生比力量小的学生重复次数要多就是这个道理。

（1）持续间歇练习法。其特点是负荷重量较小，每次应竭尽全力去达到极限，使肌肉长时间持续收缩工作到最大限度。力量耐力的增长表现在重复次数的增加上，每次练习要力争增加重复次数，当重复次数超过该项目特点的需要时，就应增加负荷重量。具体方法多见以下两种：第一种方法负荷特征是采用 40%—60% 的负荷强度，进行 3—5 组练习，每组练习用很快的速度重复 10—20 多次，组间休息 30—90 秒；第二种方法负荷特征是采用 25％—40％的负荷强度，进行 4—6 组，每组用快的动作速度重复 30 次以上，组间休息 30—60 秒。

如果练习的时间短（20—60 秒），又必须使疲劳积累，应该在疲劳尚未恢复时进行下一组练习。若练习时间长（2—10 分），应该充分恢复到工作前的水平。

（2）负重克服阻力练习手段。这种练习可作用于机体任何一个部位的肌肉群。它主要依靠负荷重量和练习的重复次数刺激机体发展力量素质。负重克服阻力练习的方式多种多样，负荷的重量及练习的重复次数可随时调整，它是身体素质练习中常用的一种手段。该练习方法在体育训练和体育教学中应用广泛，是一种实用性较强的练习方法。

在负重克服阻力练习中，动作速度和负荷重量成负相关关系。换言之，就是当负荷重量增加时，练习的速度必然会降低；当练习的负荷重量减少时，练习的速度就会随之提高。完成练习次数和负荷重量也成负相关关系，即采用相同的动作结构，负荷重量轻时一次性完成动作的次数会较多，而负荷重量增加时完成次数就会减少。

力量性负重训练原则认为：人们可以用克服相对较重阻力的练习来发展绝对力量潜力，也可以用克服相对较轻重量的练习来发展速度力量。阻力是发展力量的关键，不管你完成多少组和重复多少次，只有在阻力足够大时，才可能有效地获得肌肉力量。想用较轻重量，靠增加重复次数和组数来获得有效的力量增长，效果不是很好，在力量训练的实践中，负荷重量的选择决定了完成动作的速度及次数。根据力量训练原则和训练目的，人们通常用下面方法安排负重训练的内容。第一，发展肌肉绝对力量潜力，即提高肌肉力量、改善肌肉间协调性，如采用较重的负荷重量，完成次数少的重复练习。一般用个人极限负荷重量的 75％—95％，重复 6—8 次，完成 4—6 组。如用 95％以上的重量，可能太大了，对于力量训练水平不是很高的人来说，难以应付，故较少采用。这种方法也有人称之为最大力量训练法。

（3）循环练习法。循环练习法是指根据训练的具体任务，建立若干练习站，训练者按规定的顺序时间依次完成规定的练习内容，周而复始地进行练习的方法。其特点是能轮流锻炼各个肌群，按先后顺序发展臂、肩、腿、腹、背等部位肌群的力量耐力。主要有以下两种方式：第一种方式是采用大强度循环练习，采用最大力量的 50％—80％负荷，重复 10—30 人多次，重复速度要快，作息时间是用力时间的 2—3 倍。这种方法主要用于短距离高速度运动项目（短跑、搏击、球类）的肌肉耐力训练；另外一种是采用低强度的间歇训练，采用的负荷是最大力量的 30％—50％，重复次数增加至最高重复次数。完成动作的速度适中或较慢，作息时间比大强度的循环练习时间要短。这种方法主要用于发展周期性运动项目的耐力，如长跑、越野滑雪、长距离游泳、赛艇等。制订循环练习计划时，每组练习的时间短者可安排 5 种练习，时间适中者可安排 9 种练习，时间长者可安排 12 种练习。总持续时间在 10—30 分钟之间，重复练习 2—3 组。

二、速度素质锻炼

（一）速度素质的内涵

速度素质是人体快速完成动作的能力和动作反应时间的总称，也可理解为人体（或身体的某部分）以最短的时间完成动作的能力。它是人的基本运动素质之一，不但直接决定某些项目的成绩，而且对其他素质的发展也有很大影响。在田径运动的径赛以及游泳比赛里，速度就起着决定性作用。在跳远、三级跳远、投掷等项目的比赛里，速度对成绩起着重要的作用。另外，速度构成了现代各项球类运动的重要基础，篮球、排球、足球的技术演变可充分说明这一点。

（二）速度素质的分类

在运动实践中，通常将速度素质分为反应速度、动作速度和移动速度 3 种。

反应速度，是指有机体对各种信号刺激（声、光、触等）的快速应答能力。良好的反应速度是取得优异成绩的一个重要因素。据研究，一名优秀的乒乓球运动员能在很短的时间内（102 毫秒）（1 毫秒 =1/1000 秒），根据对方的击球动作（通过视觉）和击球的声音（通过听觉），非常迅速地准确判断来球的速度、落点和旋转性能，并且做出相应的技术动作，回击来球。

动作速度，是指有机体快速完成某一动作的能力。如推铅球时的器械出手的速度、跳远的踏跳速度、体操的前手翻时两手推离地面的速度、拳击的出拳速度等等，都属于动作速度。

移动速度，是指在周期运动中，单位时间内机体快速移动的能力。它以机体通过固定距离所用的时间来表示。如男子 100 米跑 12 秒；男子 100 米自由泳 1 分 2 秒等。在实践中，移动速度一般又分为平均速度、加速度（练习者在全程移动过程中，在某一段落上增大移动速度的能力）和最高速度。

（三）影响速度素质的因素

1. 神经传导的快慢

从神经活动过程看，人的速度取决于信息通过反射弧所需时间的长短。时间长，速度慢；时间短，速度快。反射弧指反射活动所经过的神经通路。构成反射弧有感受器—传入神经—中枢神经—传出神经—效应器 5 个环节。另外，如果信息量大，兴奋冲动强度大，传递速度快，协调性也好，速度也快。神经活动过程的灵活性也是影响速度素质的因素，神经兴奋与抑制过程的灵活性强，可使神经肌肉系统得到相应的快速调节，肌肉表现出更快的紧张与放松的协调配合，会表现出更快的速度。

2. 能量供应

从生物化学的角度看，速度特别受肌肉里的能量储备和化学能量的动员速度的制约。速度运动的特点是强度大、时间短、单位时间内耗能多。有机体在短时间里既大量供能又不能得到充分的氧供应，必然处在无氧状态下工作，负荷之后，血乳酸在血液里的含量会大大增加，影响速度素质的发挥。但是，如果三磷酸腺苷（ATP）、磷酸肌酸（CP）、糖原储备的数量和代谢过程良好，会导致肌肉无氧代谢耐受力强，速度素质会有较高的水平。

3. 肌纤维类型

根据收缩速度，可将肌纤维划分为快肌纤维和慢肌纤维。快肌纤维的直径较慢肌纤维大，含有较多的收缩蛋白。快肌纤维的肌浆网较慢肌纤维发达。慢肌纤维的线粒体的数量较快肌纤维多且直径大，同时慢肌纤维周围的毛细血管比快肌纤维多，血液供应较快肌纤维好。慢肌纤维由较小的运动神经元支配，传导速度慢，而快肌纤维由较大的运动神经元支配，传导速度较快。

（四）速度锻炼的方法

1. 反应速度锻炼方法

反应速度的提高是比较困难的。一般认为，锻炼的作用在很大程度上加强原来的最快反应速度的稳定性，能够经常表现出受遗传因素影响所决定的最快反应速度。最快反应速度出现得多，就表明锻炼的效果好。

（1）重复法。即反复练习早已掌握的各种简单或复杂的动作，使练习者对突然出现的信息和信号刺激能做出快的应答性反应。例如，反复完成起跑动作，根据信号改变动作方向，对对方的各种动作做出预定的反应动作等。信息刺激感觉器官的数量越多（视觉、听觉、触觉），高级神经活动扩散和相互诱导的结果就使得越多感觉器官同时发出较多的神经信号冲动，从而缩短反应的潜伏期。另外，大量的反复练习，使神经传导系统产生一定的"短路"，也能缩短反应的潜伏期，使反应速度得以提高。

（2）分解法。由于反应动作是通过具体的、有目的的运动动作及其组合来实现的，因此，可分解反应的动作，使之处于较容易完成的条件下，通过提高分解动作的速度来提高反应速度。例如，采用蹲踞式起跑的反应时间之所以会较长，主要是因为手臂支撑较大的重量，要较快地离开支撑点是困难的。因此，可分解为两步进行，先单独练习对起跑信号的反应速度，而后不用起跑信号单独练推手离开支撑点的速度。

（3）变换法。即根据动作的强度和具有时间变化的信号刺激，明显改变练习的形式和环境来提高动作反应速度。

（4）运动感觉法。指把练习分为三个阶段：第一阶段，练习者用最快的速度对信号做出反应，每次练习后从同伴那儿获得该次反应练习的实际时间；第二阶段，练习者自我判断反应时间，并立刻与同伴的实测时间进行判别比较；第三阶段，当这些判别比较能在大多数情况下吻合时，练习者就能准确确定反应时间的变化，从而提高反应速度。

2. 动作速度锻炼方法

由于动作速度是由力量、耐力、协调等因素加上速度素质来决定的，因此动作速度的锻炼要与其他运动基本素质密切联系起来，即必须有目的地发展相应的运动能力。

（1）"加速"动作法。大多数速度练习都包含有从静止到最大速度的"加速"阶段。不断加速动作，进行加速动作的练习，是提高动作速度的重要途径。

（2）减少阻力法。即减少外界自然条件阻力和人体本身体重阻力的练习。如下坡跑，在负重练习中，通过不断减少重量大小，能在不负重的正常条件下促使动作速度不断提高。

（3）利用后效作用法。即利用动作加速及器械重量变化而获得的后效作用来提高动作速度。利用下坡跑可获得加速的后效作用；在推标准铅球之前可先用加重铅球做练习而获得重量减轻后的后效作用。这是由于在第一次动作完成后，留下的"惯性"作用，可以提高下一个动作的速度。此外，由于在第一次动作完成后，神经中枢的"剩余"兴奋，在一定时间内还保持着运动指令，从而可以大大缩短动作时间，提高动作速度。

（4）负重练习法。动作速度与力量水平有着极为重要的关系，因此发展动作速度必须与发展力量素质结合起来。

（5）完善技术法。动作速度的提高，在很大程度上取决于完善的运动技术。这是因为动作幅度大小、工作距离长短、工作时间多少、动作的方向、角度及用力部位等都与动作速度大小有着极为密切的关系。

（6）加大练习难度法。加大练习难度可以通过缩小练习完成的空间、时间界限、限制场地活动条件等方式进行。运动活动中动作速度表现的平均水平和快速动作的完成，主要受专项活动持续时间和场地活动条件等影响。因此，在培养动作速度的过程中，可以限制练习的时间和完成的空间条件，使练习者以最大速度完成动作，从而提高训练效果。

3. 移动速度锻炼方法

移动速度是各种速度素质综合表现的结果，所以，移动速度的锻炼也要结合其他速度素质的练习，并同时结合其他运动能力的练习，方能出现好的效果。

（1）重复跑法。即在相对固定的条件下，按照一定的要求和严格的间隙时间，反复跑 50—60 米，两次练习的间隙，用心率来控制，一般心率在 120 次 / 分，然后再开始下一次练习，以保证机体的恢复。这种大负荷重复跑训练一般用在短距离跑项目中，另外，游泳运动的练习也可采用反复高速的冲刺以提高游速。

（2）爆发力提高法。有机体运动速度的获得是力作用的结果，如果有机体获得的作用力大于其所克服的阻力，那么机体就会产生加速度，而且，作用力越大，加速度也越大，因此，发展有机体的力量素质是提高移动速度的方法。同时，移动速度的时间特征，决定了其受力的作用时间越短，加速度获得的效果越大。所以，爆发力练习是最有效提高移动速度的方法。爆发力练习参见上节的练习方法。

（3）综合性练习法。即把发展运动素质和改进技术结合来练习的方法。

（4）接力跑和游戏法。接力跑和游戏法不仅可以激发运动员高涨的情绪，增加练习过程中的趣味性，避免不必要的肌紧张，还有利于防止和克服因经常安排最大速度练习而引起的"速度障碍"。

第二节　耐力和柔韧性训练方法

一、耐力素质锻炼

（一）耐力素质的内涵

耐力素质是指有机体克服长时间肌肉工作所产生疲劳的能力。疲劳是一种生理现象，有机体经过长时间的肌肉运动，必然产生疲劳，这是有机体的一种自我保护。适度的疲劳刺激，通过良性的恢复，可使有机体的机能不断得到发展和提高。

加强耐力素质锻炼，能有效地促进呼吸系统，尤其是心血管系统机能水平的提高，对于大学生们保持健康的体魄有重要意义。据研究，有着高水平的耐力素质的中长跑运动员的安静心率在 40—50 次 / 分，而一般人在 70 次左右，这反映了这些运动员心血管系统机能水平非常高，远远超出常人。

耐力素质是基本素质之一，也是保证人体健康体能的重要素质。耐力素质不仅对耐力性运动项目如中长跑、竞走、长距离游泳、划船、骑自行车具有决定性的意义，而且对其他运动素质的发展有着十分密切的关系。

（二）影响耐力素质的因素

耐力与运动员其他方面的素质有最紧密的联系，它是一个多因素的能力。影响它的因素除先天性的身体组织结构，如红白肌纤维的组成比例和神经特征外，还有如下因素：

（1）运动员的个性心理特征。运动员的运动动机与兴趣，在运动活动中的心理稳定性以及主观努力程度、自持力和忍耐力等都直接影响耐力素质水平的发展，特别是忍耐力与耐力素质的关系更为密切。所谓忍耐力是指人体忍受有机体发生变化后的能力。忍耐力的大小和有机体发生变化的程度以及对其忍受时间长短有关。忍耐力越大，也就越能长时间忍受有机体发生的剧烈变化。如：在以强度为主的长时间练习中，有机体就会发生很大的变化（如缺氧、酸性物质堆积等）。在这种情况下，如果运动员的忍耐力不能忍受这种变化，练习就将中止，耐力素质的发展也只能停留在一定的水平上。一般来说，耐力素质要得到最大限度的发展，就必须充分利用动员起来的忍耐力去克服耐力发展过程中一个又一个的"极点"。

（2）有机体活动时能量交换和获得的机能能力。有机体活动时能量供应以及保证能量交换和获得能量这一体系的机能能力对耐力有着很大的影响。能量交换和能量获得主要反映在最大摄氧量和人体内能量物质的分解能力。氧是能量物质氧化释能不可缺少的重要物质，它决定着能量物质分解释能水平的高低，而氧供应充足与否，在很大程度取决于最大摄氧量，体内参与有氧代谢的各种酶的活性，也影响着运动员的耐力水平，酶活性越高，各种能源物质的分解速度越快，耐力水平也就越高。

（3）有机体机能的稳定性。有机体机能的稳定性是指有机体的各个系统在疲劳逐步发展、内环境产生变化时，机能积极性仍然保持在一个必要的水平上。由于耐力活动会产生大量乳酸，乳酸的逐步堆积也会引起肌肉组织和血液中的 pH 值（酸碱度）下降，因此出现一系列人体机能下降的现象。如神经肌肉接点处兴奋的传递受到阻碍，影响冲动传向肌肉；酶系的活性受到限制，使 ATP 合成速度减慢；钙离子浓度下降，肌肉收缩能力降低等。由此可见，有机体机能的稳定性往往取决于有机体的抗酸能力，抗酸能力越强，稳定的程度就越高，时间也越长。影响有机体抗酸能力的因素有许多，但主要和血液中的碱储备有关。碱储备是缓冲酸性的主要物质，习惯上以血浆中与碳酸结合的碱含量来表示。运动员的碱储备比未受过训练的人高出 10% 左右，这对提高运动员的抗酸能力，保持机能稳定性是有利的。

（4）有机体的机能节省化，协调的完善，力量合理的分配。机能节省化主要反映在随着训练水平的增长，在一个单位工作时间中能量消耗的减少；协调的完善可以减少不必要的能量消耗；力最合理的分配则可提高能量的利用程度和效率。这些都直接决定了有机体能量储备的利用率。

（5）最大吸氧量。最大吸氧量是指运动过程中，人体的呼吸和循环系统发挥出最大机能水平时，每分钟所能吸取的最大吸氧量。最大吸氧量的大小对耐力素质的影响十分明显。因为最大吸氧量本身就是反映有氧耐力水平的一个重要指标。最大吸氧量越大，有氧耐力水平也就越高。在以有氧过程为主的运动项目中，运动员的最大吸氧量明显大于其他人。同样，最大吸氧量水平越高，耐力性运动的成绩就越好。最大吸氧量在很大程度上受遗传影响。除此之外，最大吸氧量与肺的通气机能、氧从肺泡向血液弥散的能力、血液结合氧的能力、心脏的泵血功能、氧由血液向组织弥散的能力、组织的代谢能力等也有十分密切的关系。在以上诸多因素中，具有明显可控量化指标的是血液结合氧的能力。血液结合氧的能力可通过血液中血红蛋白的含量来反映。血液中血红蛋白含量越高，血液结合氧的能力就越大。

（6）耐力素质取决于红肌纤维数量。人体肌肉纤维的类型及数量对耐力素质也有影响。据研究，肌肉中红肌纤维因含血红蛋白多，线粒体多，氧化、酸化供氧能力强，收缩速度虽慢但能持久，适宜有氧耐力训练。据测定，耐力性项目运动员肌肉中红肌纤维占的比重极大。优秀的长距离游泳运动员的三角肌中，红肌纤维可达 90％ 左右。所以红肌纤维占优势的人，给发展耐力素质提供了物质条件。

（7）速度的储备能力。速度储备即以较少的能量消耗并保持一定速度的能力。这也是影响耐力特别是影响专项耐力的因素之一。在周期性运动项目中，其重要作用尤为突出。如一名 100 米跑 10.5 秒的运动员，跑 400 米成绩达到 50 秒是很容易的，他的速度储备指数是 50 秒 ÷4—10.5 秒 =2 秒；而一名 100 米跑 12 秒的运动员，如 400 米成绩要达到 50 秒是很困难的，因为他的速度储备指数只是 50 秒 ÷4—12 秒 =0.5 秒。这就是说，如果运动员能以极快的速度跑完一个短距离，也能更容易以较低的速度跑完较长的距离。因为速度储备较高的运动员能以较少的能量消耗保持一定的速度，达到轻松持久的效果，这是中距离项目运动员所要求的专项耐力。除此之外，运动技能水平的高低、体形、性别、体温等因素也都会在不同程度上影响耐力素质的水平。

（三）耐力素质的分类

根据分类的方法、角度不同，耐力素质可划分成许多种类。

（1）根据活动持续的时间，可把耐力素质分为短时间耐力、中等时间耐力和长时间耐力。

短时间耐力主要指持续时间为 45 秒—2 分钟运动项目（如 400 米跑、500 米跑）所要求的耐力。运动中的能量供应主要通过无氧过程提供，氧债很高。400 米跑能量的 80％ 由无氧系统提供，800 米跑中能量的 60％—75％ 由无氧系统提供。

中等时间耐力主要指持续时间为 2—8 分钟的运动项目所需要的耐力。其强度小于短时间耐力项目而大于长时间运动项目，供氧不能全部满足需要会出现氧债。3000 米跑中无氧系统提供约 20％ 的能量，1500 米跑中能量的 50％ 由无氧系统提供。通过有氧和无氧的混合过程提供运动所需要的能量。

长时间耐力是指持续时间超过 8 分钟的运动项目所需的耐力。整个运动过程，人体心血管和呼吸系统高度动员，心率、每分钟心输出量、肺通气量都达到相当高的程度，来保证运动的有氧过程。

（2）根据与专项运动的关系，耐力素质可分为一般耐力与专项耐力。

一般耐力是指运动员有机体各器官系统长时间协调工作的能力，并包括以下特征：工作持续时间长，不间断，大肌肉群参加工作，运动强度相对不大，心血管系统的功能与活动形式与时间相适应。

专项耐力指机体在专项运动中产生的抗疲劳的能力。专项耐力是建立在一般耐力基础上的，专项运动成绩的提高要依赖于一般耐力的发展。然而，专项耐力又不同于一般耐力。对那些主要靠无氧供能的运动项目来说，一般耐力就无法起到直接的作用。专项耐力的主要特征是突出体现专项特点，满足专项运动的需求。如短跑项目需要保持较长时间快速跑的专项耐力，举重与体操项目则需要保持较长时间发挥力量能力的专项耐力。一般耐力和专项耐力之间存在着密切的相互关系，由于一般耐力是在多肌群、多系统（中枢神经系统、心肺系统）长时间工作的条件下形成的，这就为专项耐力的发展创造了良好的条件。无论专项特点如何，良好的一般耐力水平都有助于运动员在专项耐力的发展中获得成功，所以，也常把一般耐力看成是专项耐力发展的基础。

（3）根据器官系统的机能的分类。根据器官系统的机能，将耐力素质分为心血管耐力和肌肉耐力。心血管耐力是循环系统保证机体长时间肌肉活动时营养和氧的供应以及排泄代谢物的能力。心血管耐力是影响耐力素质最重要的内在因素。根据运动时能量供应中氧参加的程度，心血管耐力可分为有氧耐力、无氧耐力、有氧无氧混合耐力和缺氧耐力。有氧耐力是指机体有氧供应比较充足的情况下的耐力，无氧耐力是机体在氧供应不足有运动后过量氧耗情况下的耐力。无氧耐力又可以分为乳酸供能无氧耐力（糖原无氧酵解供能）和非乳酸供能无氧耐力（ATP、CP 分解供能）。有氧无氧混合耐力是指机体在具有有氧和无氧双重情况下的耐力。缺氧耐力是机体在严重缺氧或处于憋气状态下的耐力。肌肉耐力是指运动员肌肉系统在一定的内部与外部负荷的情况下，能坚持较长时间或重复较多次数的能力。肌肉耐力和力量水平的发展关系极为密切，发展肌肉的最大力量能有效促进肌肉耐力水平的提高。根据运动时参与工作的肌肉群数量或身体活动部位，肌肉耐力可分为局部耐力和全身耐力。

（4）根据肌肉的工作方式的分类。根据肌肉的工作方式，将耐力素质分为静力性耐力和动力性耐力。

静力性耐力是指有机体在较长时间的静力性肌肉工作中克服疲劳的能力。如在射击、射箭、举重的支撑、吊环的十字支撑等过程中，表现出的耐力水平。

动力性耐力则指有机体在较长时间的动力性肌肉工作中克服疲劳的能力。

在上述耐力素质分类体系及有关运动项目的耐力素质练习中，最有意义的是有氧耐力、无氧耐力、肌肉耐力、一般耐力和专项耐力的分类体系及其训练。

（四）耐力素质的锻炼方法

耐力素质的决定性因素在于心肺功能、技术、心理品质等方面，因此，对耐力素质的锻炼及控制也主要考虑这些因素，有针对性地提高这些机能指标，从而提高耐力素质水平。

1. 有氧耐力锻炼方法

（1）跑步法。主要指持续跑和间歇跑，其手段的选择应为练习者能获得最大吸氧量的持续活动，活动强度以心跳次数在 150—160 次 / 分为宜。可参照芬兰心理学家卡沃宁提出的有氧耐力练习心率保持公式来掌握：负荷强度＝心静时心率+（最大心率－心静心率）×60%。心率控制在这个水平可增加心血输出量，最大吸氧量可达 80% 左右。最常用的训练手段有 30 分钟以上的匀速跑、越野跑，1—2 分钟的间歇跑，滑冰、游泳、球类运动及自行车运动等。

（2）跳绳法或跳跃法。跳绳不仅可以发展耐力素质，而且对发展速度、灵敏、协调也有很大作用。具体办法可根据每个同学的情况，由慢速度单足、双足跳开始，从 50 次起逐步增加至 100 次、200 次、400 次（累计数）。控制在每分钟 80—100 次左右的强度。随着体力的增长，可进行较长时间（4—5 分钟）、较多次数（500—600 次）、较多组数（4—5 组）的练习，每组间歇 3—5 分钟，心率控制在 100—160 次 / 分之间。

（3）爬高法。指通过台阶练习，锻炼心肺功能。例如，在 1 分钟内跑完 5—6 梯段，每梯段共 12 个台阶，一次锻炼时间约 90 秒，5 组，分别把心率控制在 140—170 次 / 分。另外，台阶法还可放置稳固的单个梯凳进行上下练习，踏上再踏下，匀速，每次练习 3 分钟，台阶高度 40 厘米，每分钟 30—35 次，完成 5—6 组。

2. 无氧耐力锻炼方法

提高无氧耐力素质，间歇锻炼是常用的方法。但根据无氧耐力的供能与代谢特点，可以分为非乳酸性和乳酸性耐力锻炼。

（1）非乳酸性耐力锻炼的方法与手段。采用 95% 左右的速度、心率控制在 180 次 / 分以上，负荷持续时间 3—8 秒的大强度锻炼，可以有效地发展非乳酸性耐力。如采用 20—70 米的加速跑、8—20 米快速游泳等练习，重复 3—5 次为 1 组，练习 5—8 组。

（2）乳酸耐力锻炼的方法与手段。采用 85%—95% 的强度，心率处于 160—180 次 / 分，负荷持续时间多于 35 秒钟，然后注意控制间歇时间，可以有效发展乳酸耐力。具体手段如下：①采用 400 米重复跑，重复 3—4 次为 1 组，练习 2—3 组，两次间歇 15—20 分钟。②采用 200—300—400—500—400—300—200 米塔式跑。练习 2—3 组，两次间歇时间与跑距成正比，若控制在 3—7—3 分钟，两组间歇为 15—20 分钟。

二、柔韧素质锻炼

（一）柔韧素质的内涵

柔韧素质是指人体大幅度完成动作的能力。这种能力由人体关节活动灵活性、肌肉和韧带的伸展性及肌肉紧张与放松的协调性所决定。柔韧素质在体育运动中具有重要意义，只是不同的运动项目有不同的要求。

（二）影响柔韧素质的因素

通过研究人体结构及其他有关情况得知，影响柔韧素质的因素是多方面的，主要有骨关节结构，跨过关节的肌肉、肌腱、韧带等的伸展性，关节周围组织的大小、年龄及性别，以及活动水平、温度、疲劳程度等。了解这些因素，能掌握发展柔韧素质的规律。正确运用发展柔韧素质的练习方法、手段是提高效益所必需的，同时对于防止受伤和少走弯路也有好处。

1. 年龄和性别

从人的生理自然生长规律来看，初生的婴儿柔性最好。随着年龄的递增，骨的骨化过程，肌肉的增长，韧性逐渐加强。柔韧性的增长在 10 岁以前自然获得发展，10 岁以后随年龄的增长，柔韧性相对降低。特别是胯关节，由于腿的前后活动多，加之肌肉组织增大，使左右开胯幅度明显下降。因此在 10 岁以前就应给予应有的柔韧练习，使其自然增长的柔韧性得到提高。在 10—13 岁这个年龄应充分发展柔韧练习，因这个年龄是性成熟前期，骨的弹性增强，肌肉韧带的弹性、伸展性仍有较大的可塑性，给予充分柔韧练习，使各关节幅度达到最大解剖限度，充分提高肌肉韧带的伸展性，这不仅能提高各关节的柔韧，而且对青春期的身高增长也是有利的。如果在 10 岁以前柔韧性未得到发展，在 10—13 岁这个时期仍可作为柔韧发展的弥补，仍可获得应有的柔韧效果。超过这个年龄，如果要进行柔韧素质训练，运动员会经受较大痛苦，费时长、收效慢且易受伤。13—15 岁为生长期。在这个时期，骨骼生长速度超过肌肉的生长，因此柔韧性有所下降。在这个时期特别注意身体发育的匀称性，多做全身性的伸展练习，巩固已获得的柔韧效果，不要过分进行柔韧性练习以免拉伤。16—20 岁，由于 13 岁以前获得了良好的柔韧效果，在青春期虽有些下降，但在这个年龄整个身体发育趋向成熟，可加大柔韧负荷、难度，从而在已获得的柔韧基础上，进一步获得专项所需的柔韧素质。

根据生理解剖特点，男子的肌纤维长，横断面积大于女子，伸缩度较大，全部肌纤维的 3/4 强而有力；女子的肌纤维细长，横断面积小于男子，伸展性好，对关节活动限制小，全身仅有 1/2 的肌纤维强而有力，因此女子关节的灵活性好于男子。

2. 骨关节结构

骨关节结构是依据人体生理生长规律需要而形成的，这种结构装置是被限定的。因此关节运动幅度被限定在一定范围之内，通过训练是难以改变的。它们的活动范围是由关节头和关节窝两个关节面之差决定的，两个关节面之差越大，关节活动幅度也就越大。但骨关节结构因人而异也有一定的差异。如肘关节中的肱尺关节，它可使肘屈伸幅度被固定在 140°（因肱骨臼的幅度为 320°，尺骨半月切迹的角度为 180°，它们之差为 140°）。如果鹰咀突较长会使肘关节不能完全伸直，其伸展会受到一定影响；如果鹰咀突较短，又会使肘关节过分伸展出现倒弯。这种骨关节结构的生长是先天的，各自差异的骨关节结构通过训练是难以改变的。但通过训练可以使各个关节达到它最大的活动范围，充分挖掘其潜力。而不训练的人，各个关节具有的活动潜力非但不能发挥，反而还会消退。关节运动轴决定关节的灵活性。如指关节是单轴关节，只能屈伸。腕关节是双轴关节可屈伸、内收、外旋、绕环。可见腕关节灵活于指关节。

3. 跨过关节的肌肉、肌腱、韧带

关节的加固主要是肌腱和韧带，肌肉从关节外部补充加固关节力量，控制关节活动幅度。韧带本身是抗拉性很强的组织，它主要的作用是加固关节，限制关节在一定范围内运动，从而保护关节不致超出解剖允许的限度而受伤。

在一般活动中，很少达到这种关节面所允许的解剖限度。这是因为与运动方向相反的对抗肌伸展不足造成进一步的限制所致。如屈膝伸膝时，当举腿在水平面时可任意屈膝伸膝，可当大腿贴胸开始时，屈膝自如，但伸膝感到困难，这是因为大腿后侧肌群及韧带伸展不足所致。可见，发展某一关节的柔韧主要是限制关节活动幅度的对抗肌，使其主动受到牵拉伸展，逐渐增加它们的伸展度，从而扩大了关节的运动幅度。为力求达到解剖的最大限度，就必须完全克服对抗肌的限力以后仍然拉伸，从而牵拉到肌腱。此时，肌腱完全受外力拉伸力和对抗肌回缩力的作用而拉伸，从而进一步增强了肌肉、肌腱的弹性和伸展性。

具体发展某一关节的柔韧性时，主要发展控制关节屈、伸肌的伸展性及协调能力。如发展膝关节的伸膝能力，主要发展大腿后部肌群及小腿后部肌群的伸展性。发展屈膝能力，主要发展大腿、小腿前部肌群的伸展性。再如发展体前屈的柔韧性，主要发展腰背肌群及大、小腿后部肌群的伸展性。发展体后仰的柔韧性，主要发展肩部肌群、胸大肌、腹肌及大腿前部肌群的伸展性。可见，在发展某一部位柔韧时，应让屈、伸肌相互协调发展才能提高其关节的柔韧性。因此，增进跨过关节的韧带肌腱和皮肤等伸展性是探求提高柔韧性的重要途径，应予以足够的重视。

4. 关节周围组织的大小

关节周围的肌肉块过大或脂肪过多，都影响着柔韧性的提高。如肩部三角肌过大，会影响肩关节的活动范围；肱二头肌过大，影响肘关节的弯曲程度等。因此，在练完三角肌和肱二头肌的力量后，要做肩肘部的伸展和放松练习，尽量拉长肌纤维和增强肌肉弹性，从而既增强了肩肘部力量，又增强了肩肘部的柔韧性。此外，皮下脂肪过多的人，肌肉收缩力量相对较弱，加之脂肪占一定空间体积，影响柔韧的有效幅度。所以大腹便便者，很难做体前屈使手触地动作，只有减少了腹部的脂肪，前屈的幅度才会增大。

5. 疲劳程度

当肌肉由于长时间工作产生疲劳时，其弹性、伸展性、兴奋性均降低，造成肌肉收缩与放松的不完善，各肌群不能协调工作从而导致关节柔韧性的降低。

6. 温度

当肌肉温度升高时，新陈代谢加强，供血增多，肌肉的黏滞性减少，从而提高了肌肉的弹性和伸展性，使肌肉的柔韧性得以提高。

影响柔韧性的温度有外界环境温度和体内温度，体内温度的调节用于补偿外界环境对机体产生的不适应。如当外界环境温度低时，必须做好充分的准备活动，提高肌肉温度，增加柔韧性。当外界环境温度高时，将排除一定量的汗液降低温度，以免肌肉过早出现疲劳降低关节的柔韧性。一天内的时间与外界温度有关，但更重要的是一天内人体的机能状态不同，会有一定的变化。例如，刚睡醒后柔韧性较差，早晨柔韧性明显下降，中午比早晨好。

7. 神经过程转换的灵活性

神经系统兴奋与抑制过程转换的灵活性与运动活动中肌肉的基本张力有关。特别是中枢神经系统调节对抗肌之间的协调性的改善，以及对肌肉紧张和放松的调节能力的提高。神经过程灵活性高，则肌肉兴奋性强，肌肉、肌腱、韧带的弹性和伸展性好，支配肌肉收缩与放松的能力强，使之参与工作的诸多肌肉协调活动，从而使柔韧性提高。

8. 活动水平

爱动的人比经常活动的人柔韧性差，其原因是长期坐着不动，膝、髋关节等老是处于特定的位置，会使相应肌群变短和僵硬，导致肌肉韧带的正常伸展性丧失，关节活动范围缩小。另外，不爱活动将造成人体内脂肪堆积，也会限制柔韧性的发挥，即使是参加活动的人，中断活动后，柔韧性也会降低。同样是经常参加活动的人，由于活动的方法、手段、量和强度不同，其柔韧性能也有差异。所以说，活动水平对柔韧性的影响很大。

9. 心理因素

心理紧张度可通过中枢神经系统影响到人体各部位的工作状况，心理紧张度过强、时间过长会使神经过程由兴奋转为抑制，严重影响各部位的协调能力，从而影响柔韧性。柔韧素质要经过长期艰苦的练习才能逐步发展，而且练习过程中常伴有疼痛感，停止练习后又容易消退。因此，发展柔韧性需要毅力和耐心，只有意志坚强的人，才能忍耐住疼痛，坚持不懈地练习，取得良好的效果。一个意志薄弱的人，遇到困难和疼痛就退缩，或者"三天打鱼，两天晒网"式的练习，是很难提高其柔韧素质的。

（三）柔韧素质的分类

根据柔韧素质在运动中或锻炼过程中的表现方式的不同，可将柔韧素质分为动力柔韧和静力柔韧两类。

动力柔韧素质指练习者依靠相应关节及周围肌肉群的积极工作完成大幅度动作的能力。田径运动就主要表现的是动力柔韧素质。如短跑大幅度的"蹬摆"配合动作、跨栏的"攻摆"上栏动作、过栏的两腿"剪绞"动作、跳高运动员的过杆"背弓"动作、跳远的空中"走步"动作及投掷运动员的"超越器械"动作等。

静力柔韧素质指有机体借助外界力量使关节活动范围和韧带肌肉伸展幅度达到最大限度。静力柔韧素质指标总是高于动力柔韧指标，是动力柔韧素质发展的基础。动力柔韧素质往往体现专项柔韧素质水平，是在具有静力柔韧素质的基础上，针对某项技术的特殊需要的柔韧素质。一定意义上讲，动力和静力柔韧素质也可称之为专项和一般柔韧素质。

（四）柔韧素质的锻炼方法

（1）主动练习法。主动练习法是指不依靠外力而通过肌肉的主动收缩来增加关节灵活性的锻炼方法。可以分为主动动力性练习和主动静力性练习。主动动力性练习特点是动作的重复，有负重或不负重之分。例如各种踢腿、摆腿、肢体绕环、甩腰、洞腰、扩胸等练习。主动静力性练习是一种依靠自身肌肉的力量，使动作达到最大幅度并保持静止姿势的练习。例如双杠直角支撑、体前屈、左右分腿、前后分腿、劈叉等练习。

（2）被动练习法。被动练习法是指依靠外力的作用，增加关节灵活性的一种方法。也可以分为被动动力性和被动静力性练习两种方法，被动动力性练习是依靠他人的助力来拉长肌肉和韧带的练习。例如后举腿练习时，借助力抬高后举的幅度；坐立向前屈体时，用人在背部向前推压等练习。被动静力性练习是借助外力保持固定的姿势，例如借助外力保持体前屈，向前、后、侧抬腿等练习。

（3）动静综合法。指在被动拉长的状态下，使主动肌保持充分拉伸，提高动力柔韧性，使对抗肌在心理调节下充分放松，提高静力柔韧性和关节动作幅度的方法。具体做法：在同伴的帮助下达到完全伸展练习活动关节的目的，即用被动拉伸使肌肉完全伸展，被动与主动交替进行。

第三节　灵敏和协调能力训练方法

一、灵敏素质

（一）灵敏素质的内涵

灵敏是指人体表现出来的快速随机应变能力，它既与神经系统反应有关，又与力量、速度、协调性密切相关。发展灵敏素质的锻炼项目有体操、武术和各种球类等。它是运动员运动技能和各种素质在运动中的综合表现，是一种复杂的素质。对大多数的运动员而言，敏捷性是一项相当重要的运动能力，甚至是决定胜负的关键所在。如排球运动的"鱼跃救球"、扣球时准确的"空间感"等，都需要具备良好的灵敏素质，才能将技术发挥得淋漓尽致。而敏捷性能力与肌力、反应时间、速度、爆发力以及协调性有密不可分的关系，甚至可以说是这些基本运动能力的综合表现。没有良好的灵敏素质，运动技能也难以发挥到较高水平。

（二）影响灵敏素质的因素

（1）解剖因素——体形和体重。不同的运动项目要求运动员的体形不同。对于同一个人，如果体重增加，则运动需要做功的能量负担增大，增加了运动时的阻力，影响身体的灵活性。

（2）年龄和性别。运动员的年龄长到6—7岁，平衡器官得到充分发展；7—12岁灵敏素质稳步提高；13—15岁随着身高的快速增长，灵敏素质相对下降；以后随着年龄增长稳步提高，直到成人。

在儿童时期，男女灵活性差不多；青春期，男孩比女孩稍灵活；青春期后女孩的灵活性出现生理性的下降趋势。

（3）疲劳程度。疲劳时，大脑皮质的能源供应不足，缺乏ATP，从而产生抑制，使肌肉力量不能充分发挥，反应迟钝，速度下降，动作协调能力降低，灵敏性也显著降低。所以在体力充沛时发展灵敏素质效果最好。

（4）感觉器官的功能。运动分析器与本体感受器的灵活性与准确性，以及肌肉收缩的协调性与节奏感是影响灵敏素质的重要原因。皮层神经过程的灵活性与分析综合能力强，神经过程的灵活性好，兴奋与抑制转换得快，机体在环境发生变化时能够迅速地做出判断和反应。随着运动形式的变化，动作的性质及强度都将发生变化，肌体必须迅速对情况做出判断。通过长时间的系统训练，可使上述能力得到全面提高。

（5）智力与思维的发展水平。在运动中，各种运动技能的灵活应用，战术思想的具体实施，大脑神经活动过程兴奋与抑制的转换程度与快速工作能力的平衡均取决于良好的智力水平和敏捷的思维的判断。例如，优秀的运动员在竞赛中不仅能表现出高超的运动技能，而且也能表现出敏捷的思维能力，能迅速解决竞赛过程中出现的复杂和潜在的技术问题。

（6）学习运动技能时经验的积累。长期学习各种运动技能，可以丰富运动员的实践经验，巩固运动技能的掌握程度，灵敏素质是多种运动技能和身体素质在运动中的综合。

（三）灵敏素质的种类

通常将灵敏素质分为一般灵敏素质和专项灵敏素质。

一般灵敏素质是人在各种活动中，在突然变换的条件下，迅速、合理、准确地完成各种动作的能力，它是专项灵敏素质的基础。

专项灵敏素质是运动员在专项运动中，迅速、准确、协调自如地完成专项技术动作的能力。

不同的项目对灵敏素质有不同的要求，所以灵敏素质有明显的项目特点。

（四）灵敏素质的练习方法和手段

灵敏素质是人体的综合能力，受遗传因素的影响。训练中可以通过逐步提高动作技术和训练条件的复杂程度和难度来培养和提高运动员的技术、反应能力、平衡能力、观察能力、节奏感等。提高运动员的灵敏素质的主要手段如下。

（1）结合运动技能的目的性：不同的运动项目要求有不同的灵敏技能，为了获得良好的训练效果，就应当紧密结合专项训练。

（2）结合其他项目动作训练：例如排球运动员在防守时经常做出鱼跃和滚翻的动作，这就要求具有良好的灵敏素质。因此结合体操运动中前滚翻、后滚翻、侧滚翻、鱼跃前滚翻的动作进行辅助练习，有利于提高排球运动技能。

（3）结合反应判断训练：反应可以分为两类，一类是对即将发生的动作有预知，并做出规律的动作反应，称为单纯反应；就对灵敏性的影响而言，复杂反应显然比单纯反应更为重要。

（4）结合爆发力训练：爆发力是力量与速度的综合表现，由于在敏捷性的动作表现上，会反复出现起动、制动、再起动的过程，因此具有良好的爆发力，对灵敏素质的提高尤为重要。

二、协调能力

（一）协调能力的概念

协调能力是指运动员在运动中，身体各运动器官、各运动部分配合一致完成动作的能力。它并非一种单纯的身体素质，而是运动员各器官功能、运动素质、心理品质和个性特征及技能储备的综合表现。

从生理学上讲，运动技术的形成是条件反射的建立与巩固。协调能力强就是合理运用已掌握的各种技能储备，使大脑皮质的暂时性神经练习较快建立起来，加快对新技术的掌握。从运动学上讲，运动技术的形成是运动员按照动作的时间、空间、节奏等要素进行练习的结果。协调能力就是把掌握动作的要素与特征配合得当，从而更快地掌握和发挥技术。

（二）协调能力的意义

协调能力是运动员学习技能、技术的基础。从生理学上讲，通过协调能力训练，可使孩子技能储备增多，使大脑皮层之间的暂时联系很快建立起来，从而加速技能的形成，技术的掌握。从运动学上讲，运动员对技能、技术的掌握是有机体按照技术动作的空间、时间、节奏等动作要素而运动的结果，学习掌握运动技术就是对这些要素的体会、掌握，有经验的教练员都能体会到协调能力差的孩子，做起动作总是令人感到"别扭"、节奏感差，而且又难以克服，束手无策。

协调能力是发展、表现其他能力的必要条件，运动员协调能力好，有利于其他能力的发展与表现，运动员协调能力差，就会限制其他能力的发展与表现。其他能力，如速度力量、爆发力、反应速度、移动速度、灵敏性等发展与表现都是通过合理动作来实现的，发展与表现这些能力的动作本身就需协调因素，一个运动员有时尽管力气很大，速度也快，但因做起动作不协调，也必然影响这些能力的发展与表现，协调能力对其他能力的发挥表现有很大的影响作用。

（三）协调能力的分类

协调能力可以分为一般协调能力和专项协调能力。

一般协调能力支配各种运动技能的形成和发展，是专项协调能力的基础。

专项协调能力是运动员迅速、经济、准确、流畅地完成各专项运动动作的能力，包括各专项运动特殊要求的协调性。

（四）影响协调能力的因素

（1）遗传、中枢神经系统及其感觉器官的灵活性与准确性。协调能力和神经系统的功能关系密切，而神经系统功能主要是受遗传决定的。

（2）其他运动素质的发展水平与运动技能的储备。协调能力在很大的程度上依赖于身体素质的水平。运动员掌握的技术越多，建立新的条件反射就越容易，越能表现良好的协调能力。

（3）动员个性心理特征。协调能和特力与注意力集中、思维敏捷、意志顽强等心理品质有关，所以运动员的心理品质会影响协调能力的发展与提高。

（五）发展协调能力的练习手段

协调能力训练，除了专门训练以外，应结合身体、技术、战术训练中去训练。

（1）在技术、战术训练中发展运动员的协调能力，如在田径技术训练中培养运动员的空间感觉，肌肉用力感觉、肌肉随意放松的感觉等，在体操技术训练中发展运动员的平衡感、节奏感、用力感等等。

（2）在发展其他能力（素质）同时，注意对协调能力的培养，也就是说，在发展其他能力（素质）的训练中也应完成发展协调能力的任务，应知道任何一个身体练习都是运动员协调能力表现的结果。可是，在训练实践中人们往往只把注意力集中到完成其他能力的"达标"上，却很少考虑到在"达标"的同时也应兼顾协调能力的培养，这白白地丢掉了一举两得的时间。正确做法是使其他素质发展与协调发展结合起来，取得发展素质与发展协调能力的双重效果。

第六章 现代体能训练的运动性病症及运动损伤

第一节 体能训练的医务监督

一、自我医务监督的意义

自我医务监督是指体育运动参加者采用简单易行的医学检查方法，对自己的健康状况和身体反应进行观察，是全面体格检查的补充。在从事体育运动时，选择的锻炼方法是否正确、运动量是否合适、身体健康状况和机能水平的变化情况等都可以从自我医务监督的各种指标反映出来，有助于及时了解自己在锻炼过程中的生理机能变化；有助于预防过度疲劳；有助于调整锻炼计划和运动负荷；并为体育教师合理安排教学、训练内容和方法提供依据；也为医生体格检查提供参考。因此，锻炼者都应学习自我医务监督的知识和方法。这对于科学地安排体育活动和运动训练，预防伤病等有重要意义。

二、自我医务监督的内容与方法

自我医务监督的内容主要包括主观感觉（包括身体感觉、运动情绪、睡眠、食欲、出汗情况等）、客观检查（脉搏、体重、肺活量、尿便情况、身体素质、运动成绩、伤病情况、体质评价等）。自我医务监督的内容主要包括四个方面：主观感觉、客观生理指标、运动成绩和伤病情况。女生还应增加"月经状况"。在女子的自我医务监督表中，还应增加"月经状况"一栏。具体操作时，锻炼者将运动后出现的各种生理反应和所测定的有关数据，在医务监督表所属栏内记录下来，如睡眠情况良好，即在相应的栏目内画（ ）记号，在客观检查各栏中，还要填写上具体的测定数据，以此类推。然后对整个记录进行综合分析与判断。如果主观感觉各栏目均属良好、正常之列，客观检查指标也在正常范围之内，身体素质稳定或上升，又无重大伤病，表明前一段实施的锻炼计划、选择的内容和方法、安排的运动负荷，以及运动技术难度是合理的。如果发现异常反应，应及时检查和分析原因，并在教师的指导下，认真调整锻炼内容和运动负荷，必要时暂停锻炼，或就医做进一步检查。

（一）主观感觉

（1）一般感觉。如锻炼前、中、后各有什么感觉。可在自我监督日记上记下良好、一般或不好等情况。

（2）运动心情。如锻炼前、中、后的心理状态。对训练的兴趣如何，可在自我监督日记上记下很想训练、愿意训练、不想训练、冷淡或厌倦等。

（3）不良感觉。训练或比赛后，由于机体疲劳，可能出现某些不适的感觉，如肌肉酸痛、四肢无力，有时在锻炼中或锻炼后还会出现头晕、恶心、气短、心前区和上腹部疼痛等，可在自我监督日记中详细记录，以提示运动量过大或健康状态的不良反应。

（3）睡眠情况。睡眠的正常状态应为入睡快，睡得深而熟；较差状态为入睡慢且时睡时醒或失眠；若感觉不明显，则为一般状态。

（4）食欲情况。食欲的正常状态应为饭量增减不大；较差状态为不想吃或增加过大；若感觉不明显，则为一般状态。

（5）排汗量。同往常一样为正常状态；若排汗量较往常多或盗汗，则为不正常状态。当然必须说明一点，排汗量因人而异，有的人易出汗，有的人却出汗较少，判断排汗量的多少应与本人平常情况对照，不应与他人相比较。

（7）体征。锻炼时的外部体征，一般可从以下三方面去观察：精神（锻炼者的精神、表情、言语、眼神、注意力等）、躯体（面色、呼吸、嘴唇、排汗等）、动作（动作质量、准确性、步态等）。运动量适宜时锻炼者一般表现为精神良好，面色稍红、步态轻稳等。运动量大时锻炼者一般表现为面色红、气喘、满脸是汗、精神差、眼神无光、反应迟钝、动作不稳等，此时必须减量运动。

（8）其他情况。在过度训练后，由于疲劳可能会引起男运动员出现遗精，女运动员也可能在一段时期内出现月经不调、痛经等情况。

总之，在锻炼前、中、后所出现的一些特殊感觉都可记在监督日记上，供指导人员参考。在锻炼期间，可以综合上述主观感觉，判定运动量的大小。运动量过小的表现：运动后身体无微汗、无发热感，脉搏也无任何变化，在运动后2—3min即恢复至安静状态。说明运动量过小。运动量适宜的表现：锻炼后有微汗、轻松愉快、自觉良好、睡眠、食欲良好，或虽然稍感疲乏、肌肉酸痛，但休息后消失，次日体力充沛，渴望锻炼。表明运动量适中。运动量过大的表现：锻炼后大汗淋漓、头晕眼花、胸闷、身体疲倦、睡眠差、食欲下降，脉搏在运动后15min尚不能恢复，次日仍觉乏力，不想锻炼。这些表明运动量过大，此时应注意减少运动量。指导者必须经常观察锻炼者的外部体征，结合锻炼者的主观感觉来调整运动量，这对防止过度疲劳等是大有益处的，如果在锻炼过程中，锻炼者出现以下症状和体征则必须停止锻炼：①出现胸闷、胸痛、晕眩等症状。②出现心悸、头晕、血压过于升高或下降。③明显的呼吸困难、嘴唇发紫、脸色苍白、出冷汗、头晕、恶心、呕吐等。④四肢肌肉剧痛、关节疼痛、步态不稳、动作不稳等。

（二）客观检查

1. 肺活量

肺活量能够较好地反映机体肺功能状况。经常参加体育锻炼的人，由于心肺功能的加强，其呼吸器官功能也得到增强，肺活量相应增加或保持。如果肺活量处于持续下降，可能说明锻炼者处于过度运动状态或其他原因所致，需做进一步分析检查。

2. 体重

成年人体重在一段时期内一般较为平稳，它是身体各成分的总重量，综合反映了机体生长发育、营养状况。体重是自我医务监督中的一个重要生理指标。其测量要求在每周的同一天、同一时间和同一情况下进行。体重值是一个相对稳定值，对体育锻炼者而言，增减幅度一般在 1—3kg。若为初始体育锻炼者，则开始可能会下降，由体内新陈代谢的增强，多余水分和脂肪消耗所致。若继续锻炼，肌肉组织发达，体重会增加，然后便保持在一定的水平上。通常体育锻炼者的体重变化与运动量和季节气候有关，当运动量增大或处于夏季时，体重容易出现下降，但变化值不大，且只要生活规律正常，一般 1—2d 内就可以恢复。在判断体重是否正常时，应与生活规律紊乱、过度训练或患某种消耗性疾病（结核病）所致的持续性体重下降相区别。

3. 脉搏

一般指安静时的脉搏。应在早上起床时测量，方法是计数 10s 的脉搏次数乘以 6，按每分钟为单位计算。脉搏是心脏活动的客观标志之一。对体育锻炼者而言，它能反映出运动量是否适宜，身体状况怎样。如果安静时的脉搏次数增加或出现心律不齐，则可能是运动过度所致，或身体出现了疾病，应调整运动或治疗疾病。脉搏在运动锻炼中的用途：① 监测锻炼中规定的运动强度或运动量。利用运动中即刻脉搏可以了解运动是否在靶心率范围。当测出的脉搏或心率高于或低于靶心率范围时，就要适当减小或增大运动强度，把脉搏调整到靶心率范围。当然利用脉搏控制运动强度也存在不足之处，即心率除受运动负荷大小影响外，还受运动方式（如静力性运动使血压升高而心率增加却不明显）、体位、情绪、气候等环境因素的影响，因而精确性稍差。另外利用锻炼前后脉搏也可以了解运动量的大小。如果运动 2—3rain 脉搏即恢复正常，说明运动量小；如运动 5—10min 恢复至安静水平，则属中小运动量；如运动 5—10min 后脉搏较运动前快 2—5 次 /10s，则属中等运动量；如运动 5—10min 后脉搏快 6—97 次 /10s，则属大运动量。②评定锻炼期间身体机能状态。锻炼期间晨脉通常较稳定或锻炼一段时间后，随体质增强，晨脉强而有力且脉搏次数有降低的趋势。如果发现晨脉升高、强度减弱或脉搏节律不齐，则可能与疲劳、过度训练或处于某种疾病的潜伏期有关。这时须注意密切观察，寻找原因，并同时在锻炼时适当降低运动量或运动强度。

4. 血压

血压和脉搏一样是反映心血管机能的重要指标。正常成年人安静时的血压为（90—140）/（60—90）mmHg。常见的血压种类有以下几种。

清晨血压：指早晨清醒后，静卧床上所测的血压。清晨血压较稳定。

运动前血压：指锻炼之前，机体处于相对安静状态时的血压。它同清晨血压一样，可反映心血管安静状态的机能。运动后恢复期血压：运动终止后，测定恢复期间的血压。常与脉搏测试同期进行，每分用 10s 测恢复期脉搏，余下的 50s 测恢复期血压。

血压在运动处方中的用途：①评价运动强度的大小。根据锻炼前血压和锻炼后恢复期血压的变化情况可以了解运动强度的大小。②评定身体机能状态。利用清晨血压可以了解身体机能状态。通常清晨血压稳定，经过一段时间的耐力性锻炼后，一般收缩压、舒张压都会轻度下降。如清晨血压比平时高 20% 以上，或经常保持在 140/90mmHg，则很可能是身体机能不良，应注意调整运动量。在实际应用时血压可和脉搏结合起来运用。血压也和脉搏一样，它除受负荷强度影响以外，还受运动方式、情绪等因素的影响。如从事力量性运动项目的锻炼，易引起高血压，这值得注意。

5. 尿蛋白

健康人 24 小时尿中排出的蛋白质总量在 150mg 以下，一般为 20—80mg，定性检查为阴性。当尿中蛋白质增多时，用常规定性方法检查为阳性或定量检查超过 150mg/d 时称蛋白尿，通常在运动中，尤其是大运动量锻炼，尿中蛋白质增加，一般不超过 200mg/d。由于运动而引起蛋白质增加称为运动性蛋白尿。据研究，运动性蛋白尿是一种肾小球—肾小管混合性蛋白尿，但以肾小球性为主。尿蛋白在评定运动锻炼中的作用：①评定运动量和运动强度。尿蛋白出现的数量和运动量有关，尤其与运动强度关系最大，一般尿蛋白随运动量尤其是运动强度的增加而增大。在身体锻炼过程中，身体开始不适应，尿蛋白排泄量较多，继续坚持锻炼，随身体的适应尿蛋白会减少。如果尿蛋白不下降，这意味该运动负荷太大，宜适当减小运动量。②评定身体机能。系统地观察尿蛋白，有助于了解身体机能。同一个机体在完成相近的运动量时，排出的尿蛋白相对稳定，且随体质水平的提高，尿蛋白排泄量会减少，如果完成相近的运动量时，尿蛋白排泄量突然增加，这意味身体机能下降，如处于疲劳或疾病潜伏期或不良的心理状态。

值得注意的是运动性蛋白尿有较大的个体差异，有些人在运动后易出现，而有些人不易出现，这个个体差异可能与遗传有关。另外，尿蛋白排泄量还与运动项目、年龄、环境等因素有关。长跑、羽毛球、自行车等项目锻炼比游泳锻炼蛋白尿出现率高；寒冷环境往往比常温条件下运动性蛋白尿出现率高。因此，在使用尿蛋白评定运动量或身体机能时，应注意这些因素的影响。

（三）伤病情况

即排除体育锻炼中的因素，观察监督其他客观上存在的问题，以便与运动中所致的原因区分开。另外，女子体育锻炼还应把"月经状况"列入自我医务监督中，如果运动量掌握不当（运动过度），可出现月经量多或少，或者经期提前或延后，这些情况都应引起注意，及时调整锻炼计划，安排恰当的运动量，从而获得更好的锻炼效果。

（四）运动成绩

经过一定时期的体育锻炼，如果某特长项目运动成绩或身体素质无提高而降低，则应考虑运动量过大或过小，但要排除其他原因。通常情况下，运动成绩应该保持在一定水平上，或者处于增加趋势。

三、自我监督评价表

在长期的自我体育锻炼过程中，我们可以根据自身一些简单实用的指标或自我感觉来监督自己的锻炼计划及实施，养成良好的自我锻炼监督习惯。自我监督评价表，如表 6-1 所示。

表 6-1　自我监督评价表

类别	内容	反应		备注
主观感觉	一般感觉			
	运动心情			
	睡眠情况			
	食欲情况			
客观调查	脉搏（次/分）			
	排汗量（毫升）			
	体重（千克）			
	肺活量（毫升）			
运动能力	身体素质			
	运动成绩			
其他	伤病情况			

四、疲劳程度标志表

在体育锻炼过程中分清疲劳与过度疲劳是十分必要的。利用疲劳程度标志表可以检查锻炼时的运动量大小，以便对锻炼计划与安排做出相应调整。疲劳程度标志表，如表 6-2 所示。

表 6-2　疲劳程度标志表

内容	轻度疲劳	中度疲劳	非常疲劳	过度疲劳
面色	微红	较红	非常红或明显苍白	苍白发青
呼吸	稍快	较快	非常快或用嘴呼吸	呼吸困难，用嘴呼吸
排汗量	较少	较多	全身汗湿并有盐迹	全身汗湿，出虚汗
注意力	非常集中	比较集中	分散	严重分散
自我感觉	无任何不适感	一般感觉良好、轻微疲劳	有不适应感、肌肉酸痛	失眠、食欲不振、无力
运动量	小强度	中等强度	大强度	过度强度
动作协调性	动作协调	动作较稳定	动作不稳定、失误增多	动作明显紊乱

以上自我医务监督内容应在实践中配合体育锻炼进行，通过信息的反馈，及时进行综合分析，出现问题，立即解决，以便使体育锻炼科学化、合理化，从而达到运动、健美、健心的效果。

第二节　运动性病症及其处理

在进行体育锻炼时，人体必须承受运动负荷（简称运动量）。运动量犹如作用于人体的一个刺激量，一般而言，这种刺激对促进人体的健康是有积极作用的，但并非在任何时候都是一种良性刺激。即使是同一种刺激量，若人体处于不同的生理状态（如正常状态和病理状态），也会引起不同的生理反应。运动性病症是指因机体对运动应激因子不适应或训练安排不当造成体内紊乱而出现的一类疾病、综合症或机能异常，包括人体生理活动过程的有序性由于运动而受到暂时性的破坏所导致的某种生理反应。运动性病症一般表现为暂时性的生理反应。如果处理病症的方法得当，那么消极的生理反应一般会很快消失，并且身体机能也会快速恢复正常。所以了解一些运动性病症的原理及相应的处理办法，能使锻炼者对运动性病症建立起理性的认识，更能引导锻炼者科学地处理在运动中面临的相关问题。下面介绍一些常见的运动性病症。

一、运动性昏厥

运动性昏厥是指由于脑部缺血或脑血管痉挛而引起的暂时性知觉丧失。它常发生在运动中或运动后。

（一）病因

运动性昏厥多是因局部血管造成的暂时性脑缺血及脑干网状结构血液的减少所致。特别是锻炼者在赛跑后立即停止不动时，由于下肢毛细血管和静脉失去了肌肉收缩对它们的节律性挤压作用，再加上血液本身受到的重力影响，结果大量血液积聚在下肢舒张的血管中。这就造成回心血流量和输出量的减少，进而导致脑部供血不足，引起昏厥，此时也称其为重力性休克。

（二）临床表现

昏厥前，表现为身体软弱、头昏、目眩、耳鸣和面色苍白等症状；昏厥后，表现为手脚发凉、脉搏跳动缓慢而弱、血压降低、呼吸迟缓、恶心呕吐以及意识不清或丧失等症状。一般的轻度昏厥，休息片刻后，症状就会明显减轻。而重度昏厥，身体和意识的恢复需要稍长时间，并且清醒后仍伴有头痛、头晕和精神不佳等症状。

（三）处理

当昏厥症状出现后，锻炼者应减缓或停止运动，接着慢走、蹲下或平卧休息，症状会逐渐减轻。如果昏厥比较严重，应让病人安静平卧，抬高其足部，并为病人松解衣领腰带（注意保暖），然后用热毛巾为其擦脸，再以向心方向按摩病人胸腹部来加快回心血液的流动。如果症状加重，应速请医生治疗。

二、运动性腹痛

运动性腹痛是指直接由运动引起的腹部疼痛。腹痛是运动中常见的症状，经常在运动过程中或运动结束时发生，多发生在中长跑、竞走、马拉松、自行车和篮球等运动项目中。

（一）病因

运动性腹痛的发病原因比较复杂，而胃肠痉挛或功能紊乱和肝脾郁血是引起运动性腹痛的主要原因。主要有以下几个方面：

（1）胃肠痉挛。在运动过程中胃痉挛和肠痉挛都会引发运动性腹痛。一般情况下，饭后过早运动和空腹运动会引起胃痉挛；运动前吃了容易产气或难以消化的食物（如豆类和牛肉等）以及腹部受凉则会引发肠痉挛。

（2）心血管系统血液动力学障碍。当剧烈运动时，心血管系统的机能水平难以适应运动的负荷和强度，心脏负荷加重，心脏搏动不充分或无力，影响了心腔内血液的排空和静脉血液回流，导致下腔静脉压力上升，肝脾静脉回流受阻，血液淤积在肝脾内，肝脾的张力增大，使其被膜上的神经受到牵扯而导致肝区或脾区疼痛。

（3）饮食刺激。饭后胃肠蠕动加快加强，如立即进行剧烈运动，大量血液就会从胃肠道流向四肢肌肉，造成腹腔内脏器官的相对缺血，因保护性反应产生腹部疼痛。同时饭后胃中充满食物，或者运动前饮食、饮水过多或空腹运动，或有不良的饭食习惯，以及胃酸或冷空气对胃的刺激等，腰腹部肌肉过度收缩，腹压增高，也将引起腹部疼痛等不适感觉。运动前食人易产生胀气或难消化的食物如豆类、薯类、韭菜、牛肉等，常常导致肠蠕动加快加强或肠痉挛。其疼痛多为胀痛或阵发性绞痛，疼痛部位多在脐周围。宿便刺激也可引起肠痉挛，其疼痛部位多在左下腹。

（4）呼吸肌痉挛。剧烈的运动会打乱均匀、有节奏的呼吸方式，使呼吸变得急促、表浅，因而造成肌肉的疲劳。当膈肌陷入疲劳状态后，它对肝脏的"按摩"作用就会逐渐减弱，造成肝脾瘀血肿胀而引发腹痛。

（二）临床表现

腹部可划分为上、中、下和左、中、右各3个部分，9个区。肝脏瘀血多为上区腹痛；胃痉挛多为中上区腹痛；脾脏瘀血多为左上区腹痛；肠痉挛多为腹中部痛。人体感觉多为钝痛、胀痛或阵发性绞痛。

（三）处理

（1）对于因腹内或腹外疾病所致的腹痛，要根据原发疾病进行针对性的治疗。

（2）在运动时加快速度后才出现腹痛的运动员，平时要加强全面身体素质训练和专项的技术、战术训练。

（3）运动中出现腹痛后可适当减慢速度，并以深呼吸来调整呼吸与动作的节奏；同时用手按压疼痛部位，弯腰跑一段距离，一般疼痛即可消失。如仍然疼痛，应暂时停止运动，点穴按摩足三里、合谷等，腹部热敷或口服阿托品、颠茄等解除痉挛的药物。

（4）揉足三里法。内关穴在掌面腕横纹正中上2寸处，足三里穴在膝盖下3寸、胫骨外侧一横指处。由于运动前未做好充分准备活动，运动量过大而出现的上腹部剧烈绞痛。出现症状时可在上腹部热敷20—30分钟，用手按压内关及足三里穴各2—4分钟即可止痛。

（5）按揉合谷法。运动时突然出现脐区周围或下腹部钝痛、胀痛，停止运动后一般会逐渐减轻。发生腹痛时应立即停止运动，并用手按揉双侧合谷穴3分钟左右，或用热水袋热敷于脐周10—20分钟。防止运动性肠痉挛，运动前除做好准备活动外。还应限制冷饮或冰冷食物的摄入。

（6）摩腹直肌法。多因夏季运动中大量出汗而流失水分、盐所致的腹壁胀痛，发生症状时应平卧休息片刻，做腹式呼吸20—30次。同时轻轻按摩腹直肌5分钟左右。运动中注意及时补充盐水是防治腹直肌痉挛的关键措施。

（7）揉按肝俞法。多发生于长跑或中跑时，出现右侧肝区胀痛，可在背部右侧肝俞揉按5分钟左右即会止痛。运动中注意调整呼吸节律，用鼻呼吸而不能张口呼吸是预防之关键。

（8）揉按脾俞法。运动时出现左侧脾区胀痛，多因运动量过大，静脉回流缓慢，脾脏淤血肿胀所致。出现胀痛时应立即停止运动，并在背部脊柱左侧胸 11—12 椎体棘突旁的脾俞、胃俞按揉 3—5 分钟即可。运动前做好充分准备是预防的关键。

三、肌肉痉挛

肌肉痉挛是指肌肉发生不自主地强直性收缩，又称抽筋。在运动时最容易发生痉挛的肌肉是小腿腓肠肌，其次是足底的屈拇肌和屈趾肌。

（一）病因

（1）水盐、电解质失衡。在进行剧烈运动时（尤其是夏天），由于人体大量排汗，失水失盐严重，使体内电解质的平衡发生紊乱，引起肌肉神经的兴奋性增高，而引起肌肉痉挛。

（2）肌肉疲劳。较长时间的运动，由于肌肉快速的连续收缩，而放松的时间太短，使肌肉收缩与放松的协调交替关系发生破坏。特别是局部肌肉处于疲劳状态时，血液循环和能量代谢发生改变，造成肌肉中较多的代谢物堆积，这些也易引发肌肉痉挛。

（3）寒冷刺激。在寒冷的环境下进行体育锻炼时，若未做准备活动或准备活动不充分，肌肉受到寒冷的刺激，兴奋性突然升高，常可引起肌肉痉挛。故冬季在户外活动时受冷空气刺激、游泳时受冷水刺激，就更容易发生肌肉痉挛。

（二）临床表现

肌肉痉挛时，局部的肌肉因剧烈收缩而变得坚硬和隆起，令人疼痛难忍，且短时间内不易缓解。同时痉挛肌肉所涉及的关节的伸屈功能会出现障碍。

（三）处理

牵引痉挛肌肉，并配合局部按摩。肌肉牵引最好有同伴协助，但切忌施力过猛。局部按摩能有效缓解肌肉痉挛，常用的方法有重推、揉捏、叩打和点穴等。例如腓肠肌痉挛时，锻炼者可伸直膝关节，并做足部的背伸运动；屈拇和屈趾肌痉挛时，锻炼者应用力将足趾背伸。

四、肌肉酸痛

因运动而引起的肌肉酸痛，对于参与运动的大学生而言是一个很普通的经历。一般来说，运动引起的肌肉酸痛可以分为急性与慢性（迟发性的肌肉酸痛）二种。急性的肌肉酸痛有别于肌肉拉伤，而是指因肌肉暂时性的缺血。而造成的酸痛现象，只有在肌肉做激烈或长期的活动下才会发生，肌肉活动一结束即消失。通常，急性的肌肉酸痛有伴随肌肉僵硬的现象。

（一）病因

肌肉运动量过大，引起局部肌纤维及结缔组织的细微损伤和部分肌纤维的痉挛，从而导致肌肉酸痛。

（二）临床表现

肌肉酸痛包括性肌肉酸痛和慢性酸痛，主要表现为局部肌肉的酸痛及全身乏力。

1.急性肌肉酸痛

肌肉在运动中或运动刚结束后的一段相当短的时间内发生疼痛。急性酸痛与作用肌用力时形成血流的中断有关，在缺血的情况下使得代谢产物无法清除而堆积在肌肉中，进而刺激到痛觉受纳器。在停止运动后的 1 分钟左右即完全恢复。

2.慢性酸痛

肌肉慢性酸痛往往发生在训练后的 24—48 小时之间。肌肉慢性酸痛的程度与肌肉收缩的形态有关，离心收缩最容易形成肌肉的慢性酸痛，等张收缩最不显著。肌肉有慢性酸痛的情形出现时，肌力明显下降。

（三）处理

可以对酸痛的局部肌肉进行热敷和按摩，这样能促进血液循环，有助于损伤组织的修复及痉挛的缓解；也可以对局部肌肉进行静力牵张练习，先保持伸展状态 2min，然后休息 1min，重复进行。

五、运动性中暑

在常温状态下，剧烈运动时身体产生热量可达基础代谢产生热量的 10 倍以上。皮肤通过辐射、蒸发和对流等方式进行散热。当气温升高 >25℃时，体表与环境温度差缩小，增加了散热难度。运动性中暑是在高温、高湿环境下运动导致体温调节、汗腺分泌功能障碍和水电解丢失过多为特征的疾病。

（一）病因

在高温环境中，特别在温度高、通风不良、头部又缺乏保护，被烈日直接照射的情况下进行体育锻炼，因体温调节功能障碍易发生中暑。

（二）临床表现

轻度中暑，可出现面部潮红、头晕、头痛、胸闷、皮肤灼热、体温升高；严重时，将出现恶心、呕吐、脉搏快而细弱、精神失常、虚脱抽搐、血压下降，甚至昏迷。

（三）处理

（1）在高温、高湿环境中体育锻炼，一旦出现热痉挛等症状，应迅速转移到通风阴凉处休息；饮用含钠、钾、镁、钙盐的饮料；服用十滴水、人丹等。

（2）降温处理。首先，采用体外降温，脱去衣服，用冰或凉水擦拭皮肤至血管扩张，促进散热；其次，快扇（电风扇、衣服等）全身，让水蒸发迅速降体温；最后，在头部、颈部、腋窝、腹股沟大血管处放置冰袋或冰块以降温。严重者要及时送往医院抢救。

六、运动性低血糖症

低血糖症是由多种病因引起的血葡萄糖（简称血糖）浓度过低所致的一组临床综合征。一般以成人血浆血糖浓度（血浆真糖、葡萄糖氧化酶法测定）（50毫克/分升），或全血葡萄糖（45毫克/分升）为低血糖。运动性低血糖症（ExerciseHypoglycemia）多发生于中长跑、自行车、马拉松比赛、长距离滑冰及滑雪等项目的运动过程中或结束后，由于运动时间过长，强度持久，运动者体内的血糖会大量消耗和减少，有时候会发生低血糖症。

（一）病因

运动性低血糖症的出现是因为长时间的剧烈运动消耗了体内的大量血糖。

（1）运动前糖摄入不足。运动前没有摄入足够的糖，运动时没有及时补充所消耗的糖，则极易导致低血糖症的发生。

（2）运动前糖摄入过多。运动前糖摄入过多，使得大量的葡萄糖在短时间内进入血液。血糖浓度的迅速升高会刺激胰岛素的大量分泌，引起血糖浓度的下降，出现回跃性低血糖症。

（3）情绪干扰。精神太过紧张，强烈的情绪波动以及患病、饥饿等情况，会干扰中枢神经系统的糖代谢的调节机制，而使迷走神经处于兴奋状态，从而刺激胰岛素大量分泌，也可以导致低血糖症发生。

（二）临床表现

症状轻者，有明显的饥饿感及头晕、眼花、面色苍白、出冷汗、心慌和乏力等症状；严重者神志模糊，思维、语言迟钝，步态不稳，视物模糊不清，甚至出现精神错乱、狂躁易怒、肌肉颤动以致昏迷的症状。体检时多为脉搏快而弱、呼吸急促、瞳孔扩大、四肢湿冷，血糖为40—50mg/l。

（三）处理

发生低血糖症状是很危险的事情，一旦昏迷，就有醒不过来的可能。因而，预防低血糖症和及时对低血糖症状采取措施是很重要的。人体对水的吸收最快，对单糖的吸收也很迅速，因此一旦出现低血糖症状，应该让患者平卧、保暖，神志清楚可饮浓糖水或吃少量甜食，一般经短时间处理后症状就能消失；若患者症状严重甚至昏迷，可按压"人中穴"，静脉注射 50％葡萄糖溶液 50—100ml，以提高血糖浓度，即可消除症状。

七、运动性贫血

我国成年健康男性每 100ml 血液中含血红蛋白量为 12.5—169，女性为 11.5—159。若低于这一生理数值，则被视为贫血。因运动引起的这种血红蛋白量减少，称为运动性贫血。

（一）病因

（1）运动时机体对蛋白质与铁的需求量增加，一旦需求量得不到满足，就可能引发运动性贫血。

（2）在运动时，脾脏释放的溶血卵磷脂会使红细胞的脆性度增加，这容易造成红细胞的破裂，从而导致运动性贫血。

（二）临床表现

运动性贫血发病缓慢，其主要症状为头晕、眼花、乏力、易倦、食欲不振、体力活动差、运动中易出现心悸、气喘、心跳加快、运动成绩下降。主要体征有眼结膜苍白、皮肤发白无血色、安静时心率加快，心尖部有吹风样收缩期杂音。血液检查可发现红细胞和血红蛋白值低于正常数值。

在确诊运动性贫血前，必须排出其他原因所引起的病理性贫血。在鉴别时，应由全面详细的医学检查做出诊断。但有一点可作为诊断运动性贫血的参考依据。运动性贫血的特点是：如果明显减少或停止运动训练一段时间后（一个月），红血球和血红蛋白数值明显增加；如训练停止后，营养供应又较充足，但并未见红血球和血红蛋白增加，或增加极少者，则应考虑为病理性贫血。

（三）处理

合理安排运动量和运动强度，并补充富含蛋白质和铁的食物，也可以服用硫酸亚铁片剂和维生素 C。症状严重者，可暂时停止运动训练，仅做些小运动量的体育活动。另外，锻炼者在平时应注意营养的全面性，克服偏食的习惯。

八、运动性血红蛋白尿

运动性血红蛋白尿是一种运动后暂时性血管内溶血超过肾阈值所致游离血红蛋白随尿排出的少见病症。当红细胞在血管内破坏释放出血红蛋白，血清血红蛋白浓度超过触珠蛋白结合能力，血清出现游离血红蛋白，血清浓度 >200mg/l 时血清呈红色，自肾小球滤出进入肾小管的血红蛋白被肾小管上皮细胞重吸收并降解为含铁血黄素，肾小管上皮细胞脱落自尿中排出（发病后 1 周左右），形成含铁血黄素尿（普鲁士蓝染色）。当血清血红蛋白浓度 >1000—2000mg/l，相当于 100ml 血液中红细胞快速溶解，超过肾小管的重吸收能力，出现于尿中，形成血红蛋白尿。

（一）病因

运动过程中因撞击的机械性损伤而使破损的红血球增加，致使血中的血红蛋白含量猛增，而渗入尿液中的血红蛋白的含量也随之骤增，因此出现血红蛋白尿。

（二）临床表现

（1）本症几乎都发生在男性身上，运动后突然发现"酱油"色尿而引起注意。因溶血程度的不同，可出现樱桃红色、红葡萄酒色、褐色、浓茶色、酱油色。运动后尿色异常一般持续 2—4 小时，几乎都在运动后，第一次和第二次尿时显现，第三次尿色大多数恢复正常。

（2）多数人是在长跑后出现，少数是在球类活动后出现。

（3）除少数人感觉头昏、腰酸和无力之外，一般无不良感觉，少数病例可出现贫血症状。

（4）尿化验除颜色异常外，尿蛋白常呈（++）以上，潜血试验阳性，而红细胞少见或不见。

（5）本病的发生与负荷强度大小关系密切，当运动员负荷强度大时易出现。腰部动作较多也易出现，在硬场地上跑后易诱发，而在软场地上跑不易诱发。

（6）有自愈的倾向，多数患者出现本病后，持续一段时间后自行停止。

（三）处理

适当休息，避免做引起血红蛋白尿的活动。服用维生素 C。一般都可自愈。若持续不愈，应请医生处理。

九、游泳性中耳炎

游泳性中耳炎主要是指在游泳时，由于不洁净的水进入中耳，造成细菌感染而引起的炎症。

（一）病因

游泳性中耳炎的发生主要是因为鼓膜受损而导致的细菌入侵。在游泳过程中，当外耳道积水时间较长时，鼓膜被泡软，耳朵有不适感，此时若用硬物挖耳则极易损伤鼓膜，这会让不清洁的积水进入中耳而引起感染。此外，在患有鼓膜破裂或鼓膜穿孔的情况下，仍然下水游泳，也会导致细菌直接入侵而感染中耳炎。而患有呼吸道炎症及感冒者在游泳时，也易感染游泳性中耳炎。

（二）临床表现

（1）耳朵内疼痛剧烈，听力减退，常伴有发烧，恶心呕吐，食欲不振，便秘等。

（2）如鼓膜破裂常有黄色浓液自外耳道流出。

（3）急性期如不根治，可变成慢性中耳炎，严重的可导致耳聋。

（三）处理

患者最好卧床休息，多饮开水，吃流质易消化食物，保持大便畅通，及时到医院治疗。尽早使用抗菌素或磺胺类药物。如鼓膜已经破裂，可用3%的过氧化氢溶液清洗外耳道脓液，拭干后用抗菌素滴耳剂滴耳，并注意保持引流通畅。

十、"极点"和"第二次呼吸"

人体在剧烈运动时，由于内脏器官的活动能力落后于运动器官的需要，从而产生一种特殊的机能障碍，特别是乳酸不断积累，酸性物质堆积在血中，会引起呼吸和循环系统活动失调，使人非常难受，如呼吸困难，胸闷难忍，下肢沉重，动作迟缓，并伴有恶心等现象，这种运动生理反应称为"极点"。出现"极点"后，可稍微调整一下运动的强度，加深呼吸，使氧气供应增加，排除二氧化碳增多，渐渐适应肌肉运动的需要，使运动神经与植物神经在新的高度上达到平衡，就可以消除"极点"。此时动作变得轻松、协调、有力，运动能力又会重新提高。这种现象，在运动生理学上称为"第二次呼吸"。

"极点"现象的产生与训练水平、运动强度、准备活动有关。不经常参加体育活动的人，"极点"出现得早，持续时间长，表现的特征也严重；训练有素的人，"极点"出现得晚，持续时间短，身体的反应也较轻微。

极点出现后，若锻炼者适当减慢运动速度、加深呼吸，那么上述生理反应将逐渐缓解，接着呼吸系统和血液循环系统就会随肌肉的活动而逐渐进入工作状态，人体会渐感呼吸自如、动作轻松。运动生理学称之为第二次呼吸。当然，要从根本上克服极点，应加强专项锻炼以增强呼吸和血液循环系统的功能。

十一、冻疮

冻疮是指由较长时间的寒冷和潮湿刺激引起的局部皮肤阻塞性和充血性的红斑或坏死。它多发生在滑冰、滑雪、冰球及登山运动中。产生冻疮的部位多在耳轮、耳垂、鼻尖、手指、手背、足根和趾背等处。

气候寒冷、空气潮湿及患部周围血液循环不畅会导致冻疮的发生。另外，缺乏运动、手足多汗和鞋袜过紧等也是冻疮的诱发因素。

冻疮初期局部肿胀、有麻木感，既而发痒和烧痛，有大小不等的水泡，泡破后流出黄色浆液。严重时可有糜烂、溃疡，此时疼痛加重，愈合缓慢，愈后有色素沉着和疤痕。

冻疮出现要用酒精棉球轻轻揉擦患部，使皮肤微热即可，同时涂冻疮膏，注意患部保暖。若发现冻疮部位有水泡形成，应对局部消毒后，用针刺破水泡再包扎。对已破裂的水泡，可涂抹紫药水或消炎软膏，然后包扎好。不要因痒而搔破皮肤，否则破损处不易愈合。

应保持冻疮部位的清洁，洗时要用温水，不要用热水浸泡或火烤，也不要用雪擦或冷水浸泡。

第三节　运动损伤及其防治

大学生运动损伤是指大学生在运动过程中造成的身体某些部位的损伤，多为急性、闭合性、四肢的软组织或骨性损伤，而慢性、开放性的损伤较少见，不同的运动项目损伤的好发部位也不同。

一、运动损伤的发生原因

造成运动损伤的原因是多方面的，它既与锻炼者的运动基础、体质水平有关，也与运动项目的特点、技术难度以及运动环境等外部因素有关。其主要原因有：

（1）思想麻痹大意。这是所有运动损伤因素中最主要的因素。其中包括对预防损伤的意义认识不足，运动前不检查器械，预防措施不得力，争强好胜，常在盲目和冒失的运动中受伤。

（2）运动前缺乏准备活动或准备活动不正确，以及准备活动的量过大使身体已经疲劳，这些情况都容易让人出现损伤。适当的、针对性强的准备活动，可以进一步提高中枢神经系统的兴奋性，克服人体机能惰性，使各器官系统能有准备地从相对的静止状态转入紧张的活动状态；尤其可以加强呼吸和血液循环的机能，增加肌肉、韧带的弹性和伸展性，加大关节活动幅度，从而使正式活动一开始就能达到最佳状态，同时避免运动损伤的发生。

（3）身体素质差和错误的技术动作都会造成损伤。力量、速度、耐力和灵敏等素质差，表现为肌肉力量和弹性差，反应迟钝，关节灵活性和稳定性不够，这些都可成为损伤的原因。另外，学生对技术动作掌握不熟练，出现错误的动作，违反了身体结构与机能的特点以及运动时的力学原理。所以容易受伤。

（4）身体机能和心理状态不良。如睡眠和休息不好，身体疲劳时，机能下降，造成动作错误而出现损伤；又如运动情绪低下，或在畏难、恐惧、害羞、犹豫、急躁以及过分紧张时发生伤害事故。有时因缺乏运动经验和自我保护能力致伤。例如摔倒时用肘部或直臂撑地，造成肘关节或尺、桡骨损伤。

（5）教学内容不科学，组织方法不合理。没有遵守循序渐进原则和个别对待原则，教学缺乏必要的规范，纪律松散等也会造成损伤。

（6）运动环境不好。运动场地高低不平，器械安装不坚固或年久失修，又缺乏保护措施，运动时的服装和鞋袜不符合体育卫生要求，空气污浊、噪声过大、光线暗淡、气温过高或过低等，都能成为致伤的原因。

（7）气象条件不良也可直接或间接造成伤害事故。高温潮湿容易产生疲劳和中暑，或因大量出汗，影响体内水盐代谢而发生抽筋或虚脱；低温潮湿，容易引起冻伤，也可因肌肉僵硬，弹性、耐力降低，动作协调性差，而发生肌肉韧带损伤。空气污浊，噪声，光线暗淡影响视力，神经反应迟钝，兴奋性降低，呼吸困难等都易发生损伤。

二、运动损伤的分类

运动损伤的分类方法较多，常用的有以下几种：

（1）按损伤组织的种类，可分为肌肉肌腱损伤、滑囊损伤、关节囊和韧带损伤、骨折、关节脱位、内脏损伤、脑震荡和神经损伤等。

（2）按有无创口与外界相通，可分为开放性损伤和闭合性损伤。伤部皮肤或黏膜破裂，创口与外界相通，有组织液渗出或血液自创口流出，称为开放性损伤，如擦伤和刺伤等。伤部皮肤或黏膜完整，无创口与外界相通，损伤后的出血积聚在组织内，称为闭合性损伤，如肌肉拉伤和关节韧带损伤等。

（3）按发病的缓急，可分为急性损伤和慢性损伤。瞬间遭受直接或间接暴力而造成的损伤，称为急性损伤，其发病急，症状骤起，病程短。因局部长期负担过度，由反复微细损伤积累而成的损伤，称慢性损伤，其发病缓慢，症状渐起，病程较长。此外，还可因急性损伤处理不当或过早运动而转变为慢性损伤。

三、运动损伤的特点

运动损伤的特点既与锻炼者的技能水平、运动环境有关，也与运动项目特点、技术难度等因素有关。了解和掌握运动创伤的发病规律，对预防、诊断和治疗都具有重要意义。

不同运动项目会发生身体不同部位的运动损伤，主要是由下列两个潜在因素所决定的：

运动项目的特殊技术要求，运动员身体某部存在的解剖生理弱点。当这两个因素由于某种原因同时起作用时，极易发生运动损伤。例如，篮球运动员易伤膝。这是由于篮球运动员经常处于膝关节半屈位（130°—150°）时左右移动、进攻、防守、踏跳、上篮等，使膝关节发生屈曲、扭转、摩擦等，而膝关节半屈位正是它的解剖弱点，此时韧带及肌肉放松，关节杠杆长，导致关节稳定性相对较弱，因而易发生膝部软组织损伤（如韧带、半月板损伤和髌骨软骨病等）。排球运动员易伤肩、指、膝和腰，引起肩肘损伤、肱二头肌长头肌腱腱鞘炎、手指扭挫伤、髌骨劳损、腰部肌肉筋膜炎等。足球运动员易伤踝、大腿和膝部，如踝关节扭伤、足球踝、大腿肌肉拉伤及挫伤、膝关节韧带和半月板损伤等。网球、羽毛球、乒乓球运动员容易发生网球肘。掷铁饼运动员最后多因髌骨软骨病丧失专项机能，掷标枪运动员多因投掷肘而不能提高成绩，跳高运动员易患髌尖痛，射击运动员易患脊柱侧弯，短跑和跨栏时易发生股后肌群拉伤，体操运动员易断跟腱等。以体操的跟腱断裂为例，从动力解剖的分析来看，提踵起跳动作是由跟腱及内外踝后肌组3个部分共同完成的。由于跟腱在跟骨上的止点距离踝的轴心半径较腓骨肌和胫后肌等的半径为大，因此当踝背屈至70°发力起跳时，全部提踵所需拉力几乎都由跟腱负担，此角度即成为跟腱的解剖弱点。自由体操的"踺子接空翻"是最易断跟腱的动作，要高质量地完成此动作，踝就必须于背伸70°左右发力，这是这个动作的特殊要求。有了以上两个因素，就为跟腱断裂创造了条件。医生和教练员以及运动者本人都应了解这一规律，以便采取预防措施。

四、运动损伤的预防

（1）加强运动安全教育。克服麻痹思想，增强预防损伤的意识。

（2）认真做好准备活动。对可能发生运动损伤的关节和易伤部位，要及时做好预防措施。

（3）合理安排运动量。做练习时防止局部运动器官负担过重。

（4）加强保护与帮助。在加强同伴间的相互保护与帮助的同时，特别要加强和提高自我保护能力。例如摔倒时立即屈肘、低头、团身滚动，由高处跳下时用前脚掌着地，同时屈膝缓冲等。

（5）加强医务监督，增强自我保健意识。

五、常见运动损伤的处理

（一）软组织损伤

软组织是指人体的皮肤、皮下组织、肌肉、肌腱、韧带、关节囊、滑膜囊、神经和血管等。这些组织在受到外力作用下，发生机能或结构的异常，称软组织损伤。软组织损伤分为开放性损伤和闭合性损伤两类。前者有擦伤和撕裂伤等，后者有挫伤和肌肉拉伤等。

1. 擦伤

擦伤是运动中最常发生的一种损伤，多发生于对抗性项目活动及摔倒等意外情况下。

（1）主要症状：皮肤被擦破出血或有组织液渗出，有一定的创口。

（2）处理方法：小面积轻度擦伤，伤口干净者，只需涂抹一些红药水即可；大面积重度擦伤，先用生理盐水清洗伤口后，涂抹红药水，再覆盖消毒布，然后用纱布包扎。

2. 撕裂伤

在剧烈运动或受到突然强烈撞击时，会造成肌肉撕裂，常见有眉际撕裂等。

（1）主要症状：伤口周围多不整齐，常常伴有周围软组织的损伤。

（2）处理方法：轻度伤用红药水涂抹即可；裂口大时则需止血和缝合伤口，必要时注射破伤风抗毒血清，以防感染。

3. 挫伤

挫伤又称"撞伤"，是由于皮肤受钝器打击或直接与硬物碰撞而引起的损伤。它分为单纯性挫伤和混合性挫伤。前者是指皮肤和皮下组织的挫伤，后者是指在皮肤和皮下组织挫伤的同时，还合并其他组织器官的损伤（如腹部挫伤可能会伴有内脏器官的破裂）。挫伤多发生在大腿、小腿、腹部及头部等部位。

（1）主要症状：单纯性挫伤表现为局部疼痛、肿胀、淤血、压痛和运动功能障碍。内脏器官损伤时，则出现头昏、脸色苍白、心慌气短、出虚汗、四肢发凉、烦躁不安，甚至休克。

（2）处理方法：单纯性挫伤在24h内冷敷或加压包扎，抬高患肢或外敷中药。24h后可进行热敷、按摩和理疗。进入恢复期可进行一些功能性锻炼。混合性挫伤并出现休克的伤员，经急救处理后，应尽快送医院检查和治疗。

4. 肌肉拉伤

因肌肉主动的猛烈收缩或被动的过度牵伸，超过了肌肉本身所能承受的限度而引起的肌组织损伤，称为肌肉拉伤。这是最常见的运动损伤之一，在引体向上和仰卧起坐练习时容易发生。

（1）主要症状：肌肉拉伤后，伤处疼痛、肿胀、压痛，肌肉紧张或痉挛，触之发硬。肌肉严重拉伤时，患者可感到或听到断裂声，疼痛和肿胀明显，皮下淤血显著，运动功能出现严重障碍，肌肉出现收缩畸形。肌纤维部分断裂时，伤处可摸到凹陷；肌腹中间完全断裂时，出现"双驼峰"畸形；一端完全断裂时，肌肉收缩成"球状"畸形。

（2）处理方法：轻者可即刻冷敷，局部加压包扎，抬高患肢。24h后可实施按摩或理疗。肌肉部分或完全断裂时，加压包扎后，立即送医院做手术缝合。

（二）关节韧带损伤

关节韧带可以维持关节在正常范围内的活动，防止关节的过度运动。韧带还可加强关节强度，防止关节分离，保护其他组织，如关节囊、肌腱等。关节活动超过正常范围时，可导致关节韧带损伤。运动中关节韧带损伤的常见部位有踝关节外侧韧带、膝关节内侧副韧带、肘关节尺侧副韧带、指间关节韧带等。

（1）主要症状。一般表现为压痛、疼痛，急性期有肿胀和皮下淤血，关节功能发生障碍等。

（2）处理方法。一般性扭伤在24h内可采用冷敷，必要时加压包扎。24h后采用理疗、按摩和针灸治疗。待疼痛减轻后可增加功能性练习。对急性腰部损伤，如果出现剧烈疼痛，则不可轻易扶动，应让患者平卧，并用担架送医院诊治。处理后，应卧硬板床（或在腰部下面垫一枕头），使肌肉韧带处于放松状态。

（三）关节脱位

关节脱位又称脱臼，是指组成关节各骨的关节面失去正常的对合关系。关节脱位可分完全性脱位和半脱位（又称错位）两种，以肩、肘关节脱位较为常见。严重的关节脱位，伴有关节囊损伤。

1. 主要症状

（1）一般表现：①疼痛明显，伤后即可出现关节周围的疼痛，疼痛剧烈，呈持续性。②肿胀：因出血、水肿使关节明显肿胀。③功能障碍：关节脱位后结构失常，常表现为关节固定，不能活动。

（2）特殊表现：

①畸形：关节脱位后肢体出现旋转、内收或外展和外观变长或缩短等畸形，与腱侧不对称。关节的正常骨性标志发生改变。

②弹性固定：关节脱位后，未撕裂的肌肉和韧带可将脱位的肢体保持在特殊的位置，被动活动时有一种抵抗和弹性的感觉。

③关节盂空虚：最初的关节盂空虚较易被触知，但肿胀严重时则难以触知。

④X线检查：关节正侧位片可确定有无脱位、脱位的类型和有无合并骨折，防止漏诊和误诊。

2. 处理办法

用夹板或三角巾固定伤肢，并尽快护送医院治疗。如没有整复技术和经验，切不可随意做复位动作，以免加重伤情。

（四）出血

血液从损伤的血管流出，称为出血。按出血的部位不同，分为内出血和外出血两种。内出血指血液从损伤的血管内流出后向皮下组织、肌肉、体腔及胃肠和呼吸器官内注入。外出血指血液从皮肤创口向体外流出，是运动损伤中较为常见的一种。外出血分为动脉出血、静脉出血和毛细血管出血三种，可从出血的颜色和出血的情形作出判断。动脉出血呈喷射状，血色鲜红；静脉出血漫涌而出，血色暗红；毛细血管出血为缓慢渗出。

一般成人的血液总量为4000—5000mL。若急性大出血达到全身总血量的20%，即可出现面色苍白、头晕乏力、口渴等急性贫血的症状；若出血量超过全身总血量的30%，将危及生命。因此，对外出血的伤员，尤其是大动脉的出血，必须立即止血；对疑有内脏或颅内出血的伤员，应尽快送医院处理。

止血的方法一般有以下三种：

1. 冷敷法

常用于急性闭合性软组织损伤，最简便的方法是用冷水冲洗或用冷毛巾敷于伤处，有条件的可使用氯化烷喷射。

2. 抬高伤肢法

用于四肢出血，抬高伤肢，使伤处血压降低，血流量减少，以达到减少出血的目的。

3. 压迫法

压迫法包括指压法、绷带加压包扎法和止血带法。

（1）指压法：用手指指腹压在出血动脉近心端相应的骨面上，以阻断血液的流动来达到止血的效果。这种止血方法常用于动脉出血，操作简便，止血迅速，是一种临时性止血的好方法。现将身体不同部位出血的动脉管压迫方法介绍如下：

①额部、颞部出血：一手扶住伤员的头并将其固定，用另一手的拇指在耳屏前上方一指宽处摸到颞浅动脉搏动后，将该动脉压迫在颞骨上，可止同侧额部、颞部出血。

②眼以下面部出血：在下颌角前约1.5cm处摸到颌外动脉搏动后，用拇指将该动脉压迫在下颌骨上，可止同侧面部出血。

③肩部和上臂部出血：在锁骨上窝内1/3处摸到锁骨下动脉搏动后，用拇指把该血管压迫在第一肋骨上，可止同侧肩、腋部及上臂出血。

④前臂和手出血：将伤臂稍外展、外旋，在肱二头肌内缘中点处摸到肱动脉搏动后，用拇指或食、中、无名三指将该动脉压迫在肱骨上，可止同侧前臂和手部出血。

⑤大腿和小腿出血：使伤员仰卧，患腿稍外展、外旋，在腹股沟中点稍下方摸到股动脉搏动后，用双手拇指重叠（或掌根）把该动脉压迫在耻骨上，可止同侧下肢出血。

⑥足部出血：在踝关节背侧，于胫骨远端摸到胫前动脉搏动后，把该动脉压迫在胫骨

上：在内踝后方，将胫后动脉压迫在胫骨上。可止足部出血。

（2）绷带加压包扎法：用数层无菌敷料覆盖伤口，再用绷带加压包扎，以压住出血的血管而达到止血的效果，同时抬高伤肢。适用于小动脉、小静脉和毛细血管的止血。

（3）止血带法：一般用于四肢大动脉出血。绑扎的止血带通常使用的是橡皮条，也可用大三角巾、布带、手巾等代替。在采用布止血带时，可用小木棍绞紧，并在近旁加缚固定。若上肢出血，止血带应结扎在上臂的上 1/3 处，禁止扎在中段，避免损伤桡神经；若下肢出血，止血带扎在大腿的中部。

需注意的是：上止血带前，先要将伤肢抬高，尽量使静脉血回流，并用软织敷料垫好局部，然后再扎止血带，以止血带远端肢体动脉刚刚摸不到为度。扎上止血带后，每隔0.5—1小时必须放松一次，放松 3—5min 后再扎上，以防组织长时间缺氧而坏死，放松止血带时可暂用指压法止血。

（五）骨折

因外伤破坏了骨的完整性，称为骨折。分为闭合性和开放性两种。闭合性骨折，骨折处皮肤不破裂，与外界不相通；开放性骨折，骨折处皮肤破裂，与外界相通。常见的骨折有肱骨骨折、尺（桡）骨骨折、手指骨折、小腿骨折和肋骨骨折等。

运动中有身体某部位受到直接或间接的暴力打击时，可造成骨折。例如摔倒时，手臂直接撑地，引起尺骨或桡骨骨折等。

（1）主要症状。患处出现肿胀，疼痛难忍，肢体失去正常功能，肌肉产生痉挛，骨折部位可见到畸形。严重骨折伴有出血、神经损伤和发烧，乃至发生休克等症状。

（2）处理办法。一旦出现骨折后，暂勿随意移动患肢，应先用夹板或其他代用品固定伤肢。如出现休克时，应先施行人工呼吸。若伴有伤口出血，应同时施行止血，并及时护送医院治疗。

（六）脑震荡

脑震荡是指头部遭受外力打击后，即刻发生短暂的脑功能障碍。脑震荡的常见原因是摔倒时头部着地，头部受到外力打击等。

（1）主要症状。伤后即刻发生意识丧失、呼吸表浅、脉搏缓慢、肌肉松弛，瞳孔稍放大但左右对称；清醒后，常伴有头晕、头痛、恶心或呕吐、失眠、耳鸣和记忆力减退等。

（2）处理方法。立即让患者平卧，不可坐起或立起，头部冷敷，注意保暖。对昏迷者可用手指掐点人中、内关等穴或给嗅闻氨水。呼吸障碍者，可施行人工呼吸，并立即送医院诊治。患者在恢复期，要保持环境安静，卧床休息，直至头痛、头晕症状消失。切忌过早地参加体育运动和脑力劳动。

（七）溺水

溺水是指被水淹的人由于呼吸道遇水刺激发生痉挛，收缩梗阻，造成窒息和缺氧。如果时间稍长，则会因缺氧而危及生命。

（1）主要症状。窒息后，脸色苍白、眼睛充血、口鼻充满泡沫、四肢冰冷、神志昏迷、胃腹满水鼓起，直至呼吸、心跳停止。

（2）处理方法。将溺水者救上岸后，应立即清除口腔内的异物，并倒水；及时进行人工呼吸；清醒后立即送医院进一步治疗。在运送途中密切观察溺水者情况，必要时继续进行人工呼吸。

人工呼吸法有举臂压胸法、仰卧心脏胸外挤压法、俯卧压背法、口对口呼吸法等。其中以仰卧心脏胸外挤压法和口对口呼吸法效果最好。

①心脏胸外挤压法：将患者仰卧，急救者两手上下重叠，用掌根置于患者的胸骨下半段处，借助体重和肩臂力量，均匀而有节奏地向下施加压力，将胸骨下压 3—4cm 为度，然后迅速将手轻轻提起，胸骨也自然地弹回，如此反复进行。每分钟以 60—80 次的节律进行，直至恢复心脏跳动为止。

②口对口人工呼吸法：将患者仰卧，头部后仰，托住下颌，捏住鼻孔，压住环状软骨（即食道管），防止空气吹入胃里，急救者深吸气，两口相对，将大口气吹入患者口中，吹气后将捏鼻子的手松开，如此反复进行。吹气频率每分钟 16—18 次，直至患者恢复自主呼吸为止。如患者牙关叩紧，一时撬不开，则采取口对鼻吹气法，进行时其他操作方法同上。

第四节　运动性疲劳及恢复过程

一、运动性疲劳

运动性疲劳是人体运动中的一种现象，也是影响锻炼和训练效果的重要因素之一。运动性疲劳是指运动量或运动强度达到一定程度时，人体运动能力及生理功能暂时性下降的现象。其一般表现为运动效率下降，动作变慢，动作的准确性、协调性下降，节奏性紊乱。随着疲劳的加深，还会出现运动欲望减退、对外界的反应和感觉灵敏度降低，以及心率加快、呼吸加快、心痛、胸闷、恶心、大汗等生理现象。运动性疲劳分为两个阶段。第一阶段是代偿性疲劳，运动能力靠进一步提高中枢神经系统的兴奋性和各相关系统更加紧张地工作得以维持。此时每个动作单元的能量消耗增多，技术动作也发生相应改变。如在步幅减少的情况下，通过增加动作频率维持跑速。第二阶段是失代偿性疲劳，这一阶段的特点是尽管运动员越来越用力，但仍不可避免地出现运动能力逐步下降的现象。

（一）运动性疲劳的判断

运动性疲劳的表现多种多样。科学地判断运动性疲劳出现与否及其程度，对合理安排体育教学和运动训练有很大的实际意义。评定运动性疲劳的方法很多，可分为两大类：

1. 表面观察和主观感觉

观察自己在运动中和运动后的表现来做出判断。表面观察，如出现面色苍白、眼睛无神、表情淡漠、反应迟缓、精力不集中、易激动或沉默寡言；主观感觉，如有疲乏、心悸、恶心等，就可初步说明有疲劳产生。

2. 生理指标测定法

（1）膝跳反射阈法。疲劳时，叩诊锤叩击股四头肌腱加大力量才引起反射，即反射阈上升。

（2）呼吸耐力测定。连续测 5 次肺活量，每次间隔 30s。疲劳时，肺活量一次比一次下降。

（3）心率测定法。心率测试法是评定运动性疲劳的最简易的方法。一般常采用基础心率和运动后心率对疲劳进行测试。

（二）运动性疲劳的产生原因

运动性疲劳的产生原因很复杂。长期以来人们从不同角度去探讨疲劳产生的机制，但至今这一问题尚未研究清楚。目前共有以下几种假说：

（1）保护性抑制学说。认为在长时间重复相同的动作或进行大强度的运动时，大量来自外围感觉器官的冲动传入大脑皮质的相应神经中枢，神经细胞长时间过于兴奋，导致神经递质和细胞能量大量消耗，使神经传输效率和神经细胞膜电位降低，运动中枢兴奋性减弱，抑制过程逐渐加强。这种抑制的结果是运动能力下降，避免了体能过度消耗，因而称为保护性抑制。

（2）细胞窒息学说。该学说认为肌肉收缩产生的乳酸、二氧化碳等酸性代谢产物使肌肉组织和血液的 pH 值降低，一方面阻碍神经—肌接头处的兴奋传递；另一方面使糖酵解过程中的某些关键酶的活性下降，降低了能量生成速率；此外，使肌细胞内钙离子下降，减弱了粗细肌丝之间的相互作用，从而使肌细胞处于"窒息"状态，收缩无力，出现疲劳。

（3）内环境失调学说。细胞外液中电解质失衡、pH 值改变、渗透压改变、体温升高、激素不足等内环境因素的恶化，可直接或间接影响到细胞，使之出现功能紊乱，引发疲劳。

不同类型的肌纤维的抗疲劳能力有所差异。快肌（白肌）易出现疲劳，而慢肌（红肌）则具有较强的抗疲劳能力，这与它们具有不同类型的代谢酶活性有关。运动性疲劳可能发生的部位很多，从神经—肌肉组织看，最早出现疲劳的部位是神经中枢，其次是神经—肌接头，最后才是肌肉。

总之，运动性疲劳是一个综合性的生理过程，是运动负荷引起的暂时性反应，是在中枢神经和周围组织的相互诱导、相互制约下产生的，是机体自我保护的一个警报信号。另外，运动中出现一定程度的疲劳，可刺激机体更快地建立运动适应，有利于达到预期训练效果。必须指出，精神意志因素也与疲劳的产生有密切关系。事实上，人体在感觉疲劳时，往往机体尚有很大的机能潜力，能源物质远未耗尽。坚强的意志、必胜的信心等积极情绪，可起到动员机体潜力、推迟疲劳发生的作用。

（三）推迟运动中疲劳出现的措施

在体育锻炼中，如果运动性疲劳出现得迟一些，对提高锻炼效果会有裨益，解决这个问题一般可从下列几个因素考虑。

（1）应坚持长期不懈的锻炼，努力提高自己的运动能力和身体素质。

（2）应合理安排训练内容和运动量，避免因局部负担过重而产生局部疲劳。

（3）注意发展与运动项目相适应的供能能力。不同的运动项目，供能系统各有特点，这里以短跑、中长跑、长跑为例进行说明，如表6-2所示。

表6-2　不同运动项目供能系统对比

项目	短跑	中长跑	长跑
主要体能系统	ATP—CP系统	乳酸能系统	有氧代谢系统
训练手段	10s以内的全速跑进行重复练习，间歇30s以上。	全速或接近全速跑30—60s，间歇2—3min。	较长时间的中等或较低强度的匀速跑，或较长距离的中速间歇训练等。

发展不同的供能系统的练习方法各有特点，在锻炼中如能了解这些特点，着重发展该系统能力，对该项目疲劳的推迟会有帮助。

（4）加强意志品质培养与心理训练，提高心理素质，有利于疲劳时精神意志因素改善，从而推迟疲劳的出现的时间。

（5）饮食营养的合理安排和科学的饮食方法对体内能源的储备有积极意义。

（四）加速疲劳消除的措施

激烈的体育活动之后，身体必然会产生一定程度的疲劳。加速疲劳的消除，对提高机体工作能力和提高运动成绩都有重要的意义，也是预防疲劳累积而产生过度疲劳的积极措施。常用的方法有：

（1）良好的睡眠与安静休息。身体疲劳之后，坐下或躺下安静休息，有助于疲劳的消除。良好和足够的睡眠，则是促进体力恢复的更有效措施。睡眠时能量物质合成占优势，有利于促进中枢神经系统功能的恢复。因而良好的睡眠可消除全身疲劳，使体力和精力旺盛。

（2）活动性休息。所谓活动性休息就是指人们在休息时有针对性地进行其他活动，也叫积极性休息。当局部肌肉疲劳后，可利用未疲劳的另一些肌肉进行一些适当活动，借以促进全身代谢过程，加速疲劳消除。当全身疲劳时，也可通过一些轻的、兴趣高的体力活动，来达到加速消除肌肉代谢产物的目的。因此，我们在体育课中应多采用转换活动内容的方法作为休息手段。应当注意，作为活动休息而安排的练习，应是习惯的练习，同时强度不应过大，时间不宜过长，否则将影响活动性休息的效果。

（3）注意补充营养。运动或比赛后及时补充营养，这有利于能量物质和运动中消耗的体液成分的恢复，有利于迅速修复因运动而受损的组织。通过合理安排饮食，使身体所需的糖、蛋白质、脂肪、维生素、矿物质等得到及时而充分的补充。在参加长时间耐力性运动后，应注意增加一些脂类食物和维生素的摄入，这对于消除疲劳有重要作用。同时，运动中饮用适量的各类高能饮料、蛋白质制剂、含电解质饮料等，对体力的恢复也有帮助。

（4）运动后的按摩。按摩可使紧张的肌肉得到放松，增加肌肉的血流量，促进肌肉代谢产物的消除，减轻肌肉的酸痛和不适感，消除疲劳。

（5）运动后沐浴。这是常用的恢复手段。运动后用温水沐浴可促进全身的血液循环，有利于体力恢复，但水温不宜过高，时间不要太长。

二、恢复过程

恢复过程（recovery）是指人体在运动过程中和运动结束后，各种生理机能和运动中消耗的能源物质逐渐恢复到运动前水平的变化过程。运动过程中消耗的物质，只有在恢复期得到完全恢复，人体机能才能得以提高；反之，将会出现过度训练或过度疲劳，导致运动能力下降，甚至出现运动性损伤。应该指出，运动过程与恢复过程的合理安排及良好组合是机体对运动负荷产生最佳适应性变化的前提条件，在体质锻炼中，恢复过程与运动过程具有同等重要的作用，充分的机能恢复是取得良好运动效果的保障。

应该指出，恢复过程并不是在运动结束后才开始的，实际上在运动开始后不久能量物质的恢复过程（再合成）也跟着开始了。不过此时能源物质的分解速度超过再合成速度，已分解的能源物质不可能立即完全恢复。只有在运动结束后，消耗速度减慢，合成速度超过分解速度，人体功能才能逐渐得到彻底恢复。

（一）能源物质的恢复过程

人体的能源物质主要是三磷腺苷（ATP）、磷酸肌酸（CP）、糖原（肌糖原、肝糖原）和脂肪。一般情况下，蛋白质参与供能的数量很少，通常不把蛋白质列为能源物质。机体直接利用的供能物质是 ATP，消耗掉的 ATP 立刻从它的产物中再合成（ADP—ATP）。再合成所需的能量来源主要有三个：一是 CP 分解放能；二是糖的无氧酵解供能；三是糖和脂肪的氧化供能。依据运动持续时间和运动强度的不同，侧重于以其中一到两种能量来源的供能为主。根据运动生物化学原理，机体能量的消耗和恢复过程可分为三个阶段：

第一阶段——消耗。在运动时能量的消耗大于恢复，能源物质逐渐减少，各器官系统工作能力逐渐下降。

第二阶段——运动后的恢复阶段。运动结束后消耗过程减弱，恢复过程占优势，能源物质及各器官、系统功能逐渐恢复到运动前的水平。

第三阶段——超量恢复阶段。运动时被消耗的能源物质在恢复到原有水平后，其储备量仍继续增加，超出原有水平，称为"超量恢复"或"超量补偿"。如果从此停止运动或运动量减小，间隔时间过长，已经获得的超量储备部分会逐渐消退，降回到原来水平。研究证明：能源物质的超量恢复所能超出的程度和持续时间，取决于消耗的程度。在生理范围内，肌肉活动量越大，消耗过程越剧烈，随之而来的超量恢复就越明显。如果在超量恢复期间又开始下一次训练，则会在上一次超量恢复的基础上发生叠加，达到更高的超量恢复水平，维持在高水平的时间也延长。如果训练量过大，超出了生理范围，恢复过程将会延缓，反而降低训练效果。因此，要使训练取得更好的实效，就必须掌握好适宜的运动量。

超量恢复是客观存在的规律，是身体结构和功能增强以及运动水平提高的物质基础，是体育锻炼能够增强体质这一科学论断的客观依据之一，也是生物体适应环境变化的具体例证。

（二）运动能力的恢复过程

机体运动能力的恢复与能源物质的恢复具有相似的时相特点。比如，运动量大的锻炼结束后，即进入运动能力低落阶段，经过恢复过程，运动能力又达到原有水平。随后运动能力继续增强，并超过原有水平，这是运动能力超常阶段。如未坚持锻炼，一段时间后运动能力又降回到原有水平。如果休息时间过长，运动能力会继续下降，低于原来水平。由此可见，训练后的休息时间也有一定的限制，休息时间过长对运动员的运动能力反而有不良影响。

（三）生理功能的恢复过程

运动后人体各个器官的生理功能恢复过程一般可分为快速恢复和慢速恢复两个时段。即在运动停止后，各项生理指标先是从运动时的高峰值有一个明显的下降，然后缓慢回落到原来水平。快速恢复可能是由于肌肉向神经中枢的传入冲动减少直接引起，慢速恢复则与体液调节因素，如肾上腺素、乳酸等在血液中清除较慢有关。运动后各生理指标的恢复速度也不尽相同，例如，血压和吸氧量的恢复速度比心率的恢复速度要快。

参考文献

[1] 黄铎，陈巧弟. 现代大学生体能训练理论与方法研究 [M]. 北京：中国原子能出版社，2013.

[2] 罗华平. 现代体能理论阐析与科学化训练研究 [M]. 北京：中国书籍出版社，2017.

[3] 罗陵. 现代篮球体能训练指导 [M]. 北京：人民体育出版社，2009.

[4] 冉勇. 田径运动教学与训练实践研究 [M]. 长春：吉林人民出版社，2017.

[5] 孙文新. 现代体能训练 弹力带训练方法 [M]. 北京：北京体育大学出版社，2011.

[6] 田麦久. 运动训练学 [M]. 北京：人民体育出版社，2000.

[7] 王东亮，赵鸿博. 现代大学生体能训练理论与方法指导 [M]. 北京：中国书籍出版社，2014.

[8] 王玲，李平斌. 大学生体能实训指导与运动伤病防护 [M]. 武汉：武汉大学出版社，2019.

[9] 闫小明，惠振宇，周俊飞. 现代体能训练科学理论与方法研究 [M]. 长春：吉林大学出版社，2013.

[10] 杨静选，董茜. 现代体育与健康 [M]. 西安：西北大学出版社，2014.

[11] 叶应满，王洪，韩学民. 现代运动训练的理论分析与科学方法研究 [M]. 成都：电子科技大学出版社，2017.

[12] 张英波. 现代体能训练方法 [M]. 北京：北京体育大学出版社，2006.

[13] 赵艳艳，杨帆，毕汉鸿. 田径体能训练优化性研究 [M]. 北京：光明日报出版社，2015.

[14] 朱军凯. 足球运动员的位置体能特征及其训练研究 [M]. 银川：宁夏人民出版社，2017.